Green Design for Kids

Green Design
for Kids

Copyright © 2014 INSTITUTO MONSA DE EDICIONES

Editor, concept, and project director
Josep Mª Minguet

Art direction, selection of material and layout by
Eva Minguet Cámara
© Monsa Publications

Gravina, 43 (08930)
Sant Adrià del Besòs
Barcelona (Spain)
Tel (34) 93 381 00 50
Fax (34) 93 381 00 93
monsa@monsa.com
www.monsa.com

Visit our official online store!
www.monsashop.com

ISBN 978-84-15829-51-5
D.L. B. 1976-2014

Printed in Spain
by Cachiman

Respect copyright, encourage creativity!

All rights reserved. No part of this publication may be reproduced, stored in a retrieval system or transmitted, in any form or by any means, electronic, mechanical, photocopying, recording or otherwise, without the prior permission from the owners of the copyright.

Toda forma de reproducción, distribución, comunicación pública o transformación de esta obra solo se puede realizar con la autorización de los titulares, excepto lo previsto por la Ley. Para fotocopiar o escanear fragmentos de esta obra, póngase en contacto con CEDRO (Centro Español de Derechos Reprográficos) - www.cedro.org

Green Design for Kids

monsa

Index

 Quby 12

 Back to Basics 14

 Lilla 18

 Birdhouse 20

 Log Rocker 22

 Box 24

 Minni 25

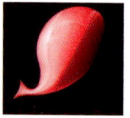 Beluga 26

 Lem 28

 Cowboy Johnny 30

 Bovist 32

 Tv Yheater 34

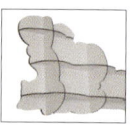 Nimbus 36

 Corkels 37

 Zelda 38

 Play Sam 44

 Elephant 48

 Zen Wagon 50

 Honeycomb 52

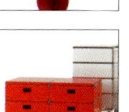 Plus Unit 54

 Etagères Rock'n Roll 55

 Cube Letter 56

 The Kebab Lamp 58

 Standard Chair 60

 BBO2 Table 62

 Dacha Playhouse 64

 Atoll 68

 Shrek mp3 70

 Eero 71

 The Paper Tiger Stool 72

 Petit Bed 74

 Snap Chair 75

 One Strip 76

 La Marrana 78

 Books-To-Go! 80

 Chicken 81

 Wall Stickers 82

 Shark 86

 The Belkiz Feedaway 88
 Eco Cradle 102
 Pep Jug 90
 3 Blocks 104
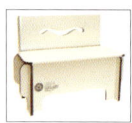 Benz Bench & Table 91
 Rocking Armchair Road 106
 Snake 92
 Wallstickers 108
 Ray Collection 94
 Adopt Me 110
 Zen Wagon 95
 Paper Forest 114
 U-Roll 96
 Foldschool 116
 Rock it Chair 98
 Bendable Interior Objects 118
 snap Step Stool 99
 Fill in the Cat 122
 Villa Julia 100
 Strollkart 124

 Deluxe Playhouse 126

 Bean Bags 130

 Magis Wagon 132

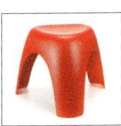 Elephant Stool 133

 Co Zen 134

 Mini-Me 136

 Town & Country 138

 Self 140

 Pack of Dogs 142

 Lunuganga 146

 Textiles 150

 Esu 152

 Nesting Tables 153

 Forest Stool 154

 Kaar 156

 Sun 158

 Hang it All 159

 Rocket 160

 Rocking Horse 163

 The New Domestic Landscapes 164

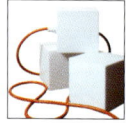 Lightcube 168

 PonUp 170

 Dream Bag 172

 Choose Build Play! 174

 Rocking Rabbit 176

 Moneypig Coin Bank 177

 Wall Drawings 178

 Kyoto Indor 184

 Owen & Joe 188

 Blue Leaves SL 190

Children should have their own space in the house because it is where they spend most of their leisure, rest, study time, and where they develop their creativity, hence the importance of decorating of these places, to make them enjoy of design and educate them on the commitment to the environment.

In this book we have enjoyed the collaboration of the best companies and designers of the current scene, including practical, simple, original, funny and different furniture, conveying awareness care of the planet, using recycled materials, eco-friendly, biodegradable…

Los niños deben tener su propio espacio dentro de casa, ya que es donde transcurre la mayor parte de su tiempo de ocio, descanso, estudio, y donde desarrollan su creatividad, de ahí la importancia que tiene la decoración de estos lugares, para hacerles disfrutar del diseño y educarlos en el compromiso con el medio ambiente.

En este libro hemos contado con la colaboración de las mejores empresas y diseñadores del panorama actual, incluyendo mobiliario práctico, sencillo, original, divertido y diferente. Transmitiendo conciencia del cuidado del planeta, utilizando materiales reciclados, ecológico, biodegradables…

Quby

Designer: Stefan Bench
www.stefanbench.com

Conceived to display books of all sizes and DVDs, floor-standing or to be hung on walls or stacked; an extremely versatile bookcase module that is as good on its own as it is in the company of its kind.

Concebido para exhibir libros de todas las medidas y DVDs, este módulo de estanterías se puede colocar de pie, colgado en las paredes o apilado, haciendo de él un mueble muy versátil que funciona tanto solo como acompañado por otros de su tipo.

Back to Basics

Designer: Zim & Zou
www.zimaandzou.fr

Back to Basic is fabricated with PEFC paper, trying to use paper scraps to the maximum. These fun toys create a trip back in time for the young ones ones at home.

Back to Basic esta fabricado con papel PEFC, tratando de utilizar los restos de papel al máximo. Estos divertidos juguetes crean un viaje al pasado para los mas pequeños de la casa.

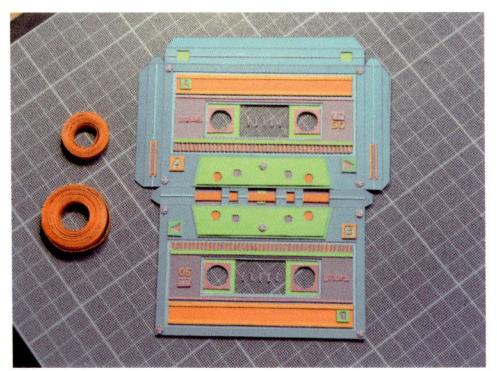
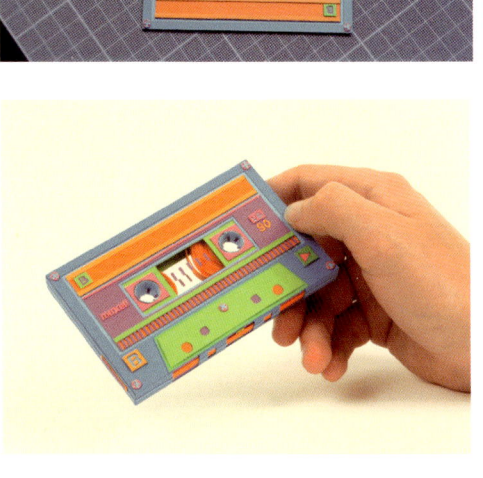

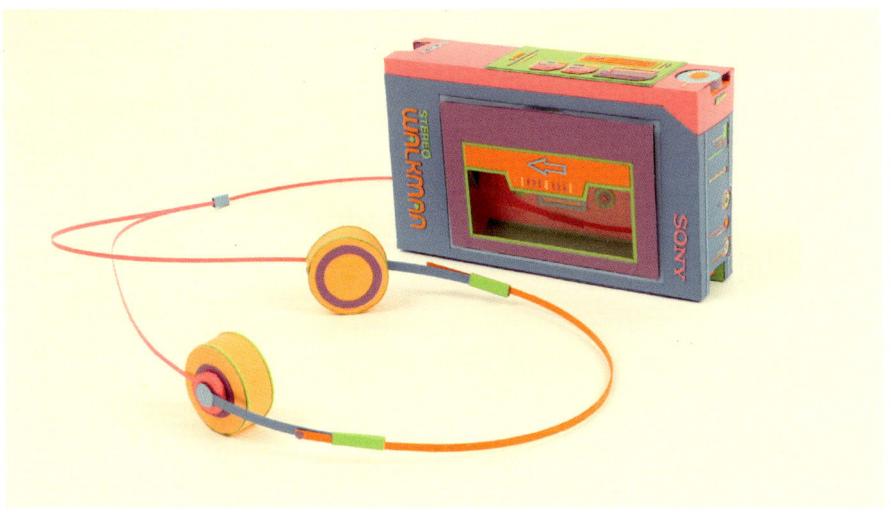

Lilla

Designer: Patrick Norguet
Made: Artifort
www.artifort.com

An invitation to sit down, reduced to the most simple expression like a tree-trunk in a residential environment or where ergonomics serve the body. This object evolves in the middle of a space as a playful and simple seating element which distinguishes itself in both colour and material. Made with foam and lined with leather. It is ideal for children's rooms as it brings a touch of fun color.

Con la forma de un tronco de árbol partido este taburete invita a sentarnos. Este objeto no pasará desapercibido ya que se distingue fácilmente por su color. Fabricado con espuma y forrado de cuero. Es ideal para las habitaciones infantiles ya que aporta un toque de color muy divertido.

Birdhouse

Designer: Laurence Simoncini,
Elisa de Bartillat
www.serendipity.fr

A special focus on the spirit of reuse and design, with lots of recycled materials, unfi- nished wood and metal, hand-made furniture and natural materials in muted or flashy colors.

Se presta especial atención en el espíritu de la reutilización y el diseño, con una gran cantidad de materiales reciclados, madera unfi-barnizada y metal. Muebles hechos a mano y los materiales son naturales y en colores apagados o llamativos.

Log Rocker

Designer: Eric Pfeiffer
www.pfeifferlab.com

A rocker solution that epitomizes "play potential". It can be used as a speeding motorcycle, a galloping horse or even a balance beam. The open ended design allows kids to bring their imagination to life and create an experience all their own. Its large size allows for two kids to grab a hold and take off. It is constructed from durable molded ply as strong the log that inspired it.

Log Rocker, una solución rockera "el juego en potencia". Puede ser utilizado como una moto a alta velocidad, un caballo al galope, o incluso una barra de equilibrio. El diseño abierto permite a los niños que disfruten de su imaginación y creen una experiencia propia. Su gran tamaño permite que suban dos niños. Está construido con materiales duraderos y fuertes.

Box

Designer: Ronan &
Erwan Bouroullec
Made: Vitra
www.vitra.com

Box is a multifunctional storage unit that doubles up as a sidetable. Its soft rounded carcass is clad on the inside and outside with a fine woven fabric; cables can be slotted upwards through the cut-out in the top panel. In this way, a portable computer, a small TV, a reading lamp or a table fan can be placed on Box.

Box es al mismo tiempo un mueble multifuncional de almacenamiento y una mesa auxiliar. Un fino tejido de punto recubre la estructura, suavemente curvada, por dentro y por fuera; los cables se pueden llevar hacia arriba a través del hueco de la cubierta. De este modo, en Box se pueden instalar fácilmente un ordenador portátil, un pequeño aparato de televisión y una lámpara de lectura o un ventilador de sobremesa, por ejemplo.

Minni

Designer: Luisa Peixoto
www.luisapeixotodesign.com

From Luisa Peixoto the Minni set comprises a minimalist style cot and dresser in pure white. The impression created by this pure simple design makes the baby's room appear to be that of an angel's bedroom up in the clouds.

Luisa Peixoto nos presenta la colección Minni compuesta por una cuna y un tocador de carácter minimalista en un blanco inmaculado. La pureza de las líneas y la limpieza del diseño hacen que la habitación del bebé parezca la habitación de un angel en las nubes.

Beluga

Designer: Se xin
www.arthur-xin.com

This is a design of humidifier, which is supposed to be not only an electronic product but an exquisite artwork. The design inspiration of its shape originates from whale. When you plug in by the touch type induction switch the cetacean's whale tail, the humidifier begins to work. The water spray is jetted continuously, just like a whale that is gushing out the water column while swimming in the sea. The surface of the product is made of glazed pottery.

Se trata del diseño de un humidificador, que no solo tenía que ser un producto electrónico, sino también una obra de arte exquisita. La inspiración para el diseño de su forma viene de las ballenas. Cuando lo enciendes mediante el interruptor táctil de la cola del cetáceo, el humidificador se pone en marcha. El agua pulverizada sale continuamente, como una ballena que expulsa una columna de agua mientras nada en el mar. La superficie del producto está hecha de cerámica glaseada.

Lem

Designer: Play +
www.playpiu.com

A truncated cone shelter with a hole for access and two "eyes" to look out of without being seen (or to peek inside to see who's there). The opening at the top allows light to enter from above and also enables the adult to intervene quickly in case of need.

Un refugio en forma de cono, con un agujero para el acceso y dos "ojos" para mirar sin ser visto, (o para ver quién está dentro). La apertura en la parte superior permite la entrada de luz desde arriba y también permite que el adulto pueda intervenir rápidamente en caso de necesidad.

Cowboy Johnny

Designer: Jäll & Tofta
www.jaellundtofta.de

Cowboy Johnny will play his tune for you at night, under the stars. This musical toy is manufactured at the "Lankwitzer Werkstaetten Berlin", a centre specializing in the rehabilitation of disabled people with the goal to re- introduce them into the workforce.
Fabrics: 100% eco cotton & cotton with Oeko-Tex® Standard. Filling: 100% eco merino wool.

Cowboy Johnny jugará por la noche bajo las estrellas mientras escuchas su melodía. Este juguete musical se fabrica en la "Lankwitzer Werkstaetten Berlin", un centro especializado en la rehabilitación de personas con discapacidad con el objetivo de volver a introducirlos en el mercado laboral.
Telas: algodón 100% ecológico y algodón con certificación Oeko-Tex ® Standard. Relleno: 100% lana merino eco.

Bovist

Designer: Hella Jongeriusz
Made: Vitra
www.vitra.com

BOVIST is a decorative floor cushion, stool, and ottoman all in one. Its appealing shape and high degree of seating comfort are thanks to the large number of taken-in strips on the side and a filling of small plastic balls. Large sections of embroidery give the cover, which consists of different coloured fabrics, a particular charm and there is a knitted thread handle for moving Bovist to different places in the apartment.

BOVIST es un decorativo cojín para el suelo, taburete, y otomano todo en uno. Su atractiva forma y su comidad gracias a su relleno de pequeñas pelotas de plástico. Se ha diseñado en patchwork, con telas de colores diferentes y vistosos bordados, dándole un encanto muy particular. Podemos mover fácilmente el Bovist por todo el apartamento gracias a un mango de hilo tejido.

TV Theater

Designer: Ben Blanc
www.benblanc.com

TVTheater is the modern version of the classic puppet theater for kids. It can be painted, drawn on, and played with. The cardboard is chemical free, recycled and recyclable, all made in America.

TVTheater es la versión moderna del teatro de títeres clásicos para los niños. Puede ser pintado y decorado mientras juegan. El cartón es un material libre de productos químicos, reciclado y reciclable, todos hechos en Estados Unidos.

Nimbus

Designer: Ibride
www.ibride.fr

This very decorative shelving unit, brought to us from French company Ibride, simulates a cloud in the heavens and has the storage capacity for fifty DVD's or paperbacks. The perfect solution for keeping the house's leisure room in order.

La estantería que nos presenta la firma francesa Ibride simula una nube situada en las alturas, es muy decorativa y tiene capacidad de almacenar mas de medio centenar de dvd o libros de bolsillo. Ideal para mantener todo en orden en la habitación de la casa destinada al ocio.

Corkels

Designer: Ben Blanc
www.benblanc.com

Corkels are a series of earth friendly-wheeled children's push/pull toys. They're made from recycled wood chip and have the feel and appearance of cork, but because the material is made from a recycled source verses virgin cork they are a more sustainable design.

Corkels es una serie de juguetes con diferentes formas, con unas ruedas para que puedan empujarlos al jugar. Están hechos a partir de astillas de madera reciclada y tienen el tacto y el aspecto del corcho, el material es de origen reciclado con diseño sostenible.

Zelda

Designer: Ibride
www.ibride.fr

Ibride presents these funny tables for the children. Modern and ecological simulate the legs of different animals.

Ibride nos presenta estas divertidas mesas para los juegos de los mas pequeños. Modernas y ecológicas simulan las patas de diferentes animales.

39

Diva

Designer: Ibride
www.ibride.fr

41

Sultan

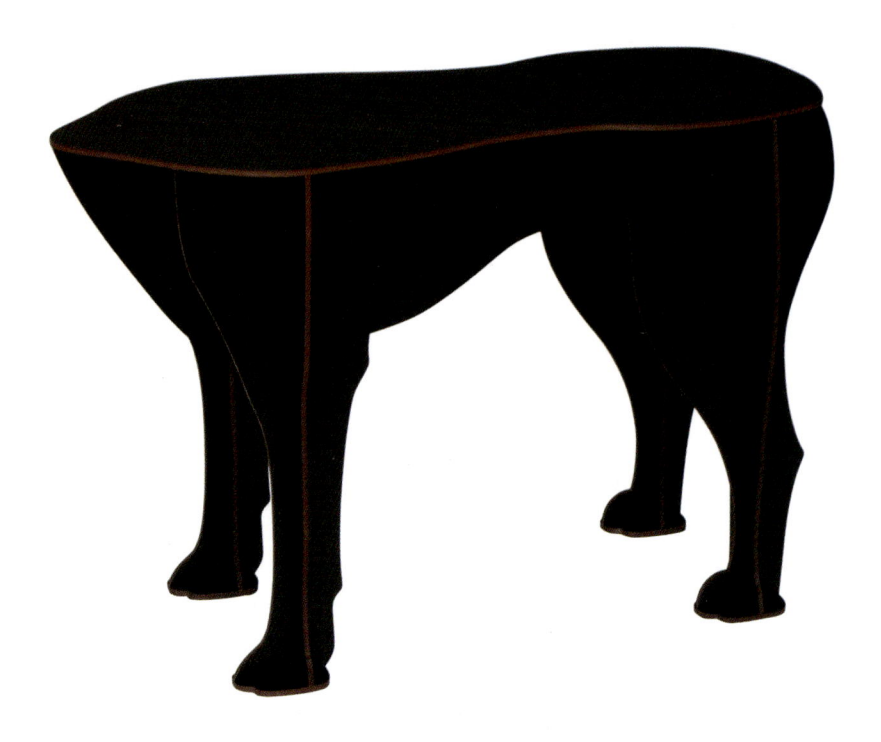

Designer: Ibride
www.ibride.fr

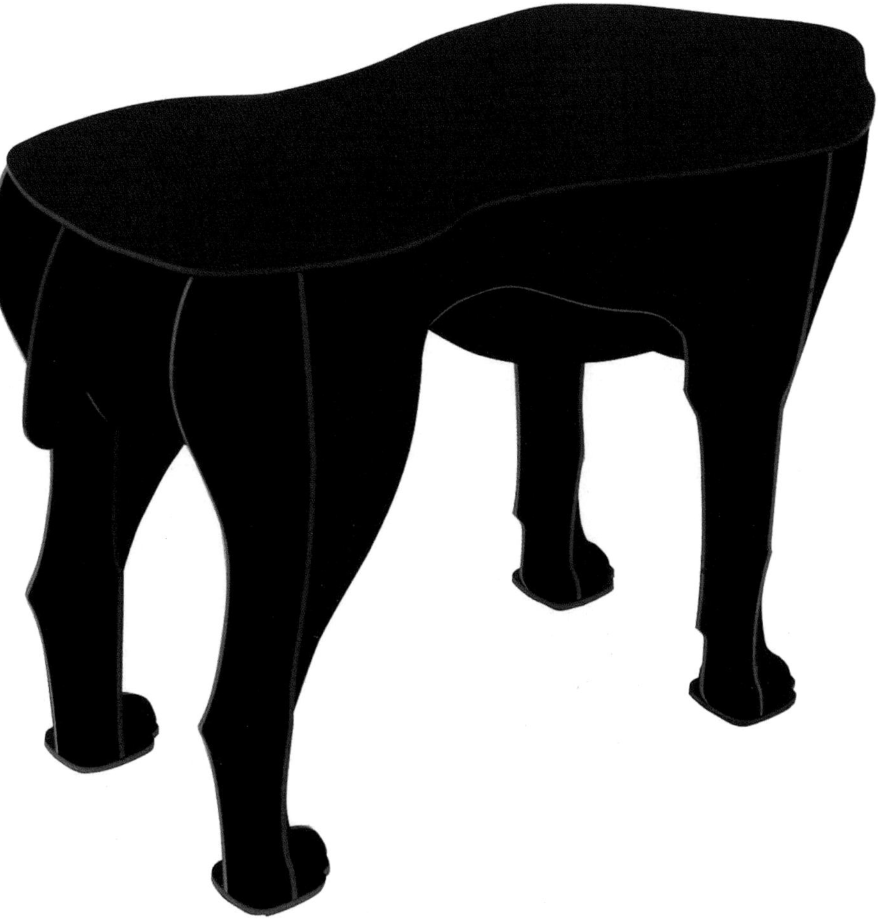

Play Sam

Designer: Playsam
www.playsam.com

Our success lies in our ability to reach the inner child and to conjure a playful spirit through intellectual creativity. Our consumers appreciate the contrast between serene simplicity and visual complexity that each toy embodies. Perhaps this is why companies as diverse as Atlas Copco and BRIO collaborate with us. And why people in over fifty countries as far apart as Chile and China have embraced the Playsam name.

Su éxito reside en su capacidad para llegar al mundo interior del niño y para evocar un espíritu lúdico a través de la creatividad intelectual. Sus clientes aprecian el contraste entre la simplicidad y la complejidad visual que encarna cada juguete. Tal vez por eso empresas tan diversas como Atlas Copco y BRIO colaboran con ellos. Y por lo que la gente en más de cincuenta países tan dispares como Chile y China han adoptado la marca Playsam.

45

Play Sam

Designer: Play Sam
www.playsam.com

47

Elephant

Designer: Bobles
www.bobles.dk

The Elephant has a rocking function where the child is challenged and stimulated while sitting. Later on, the child can stand on top of the Elephant's feet, which challenges the child's balance while standing. The Elephant is also good to lie across - both when you lie flat on your stomach and on your back. Last but not least, purely functional it is a great chair to sit on - both for the child and their parents.

Elephant tiene una función balancín, donde el niño se estimula mientras se sienta, también puede ponerse de pie desafiando su propio equilibrio mientras se divierte. Esta aplicación es también buena para descansar, es un gran asiento tanto para niños como para sus padres.

49

Zen Wagon

Designer: Kaiku
www.kaikudesign.com

Form meets function for a super modern take on an age-old classic. An ergonomic assembly of molded Baltic birch rides atop all-natural rubber tires with a steel chassis finished in an environmentally friendly powder-coating. Every seat is a window seat!.

Forma y funcionalidad se unen para dar origen a un clásico de toda la vida. Un mecanismo ergonómico sobre neumáticos de caucho, totalmente natural, con un chasis de acero y un acabado perfecto.

51

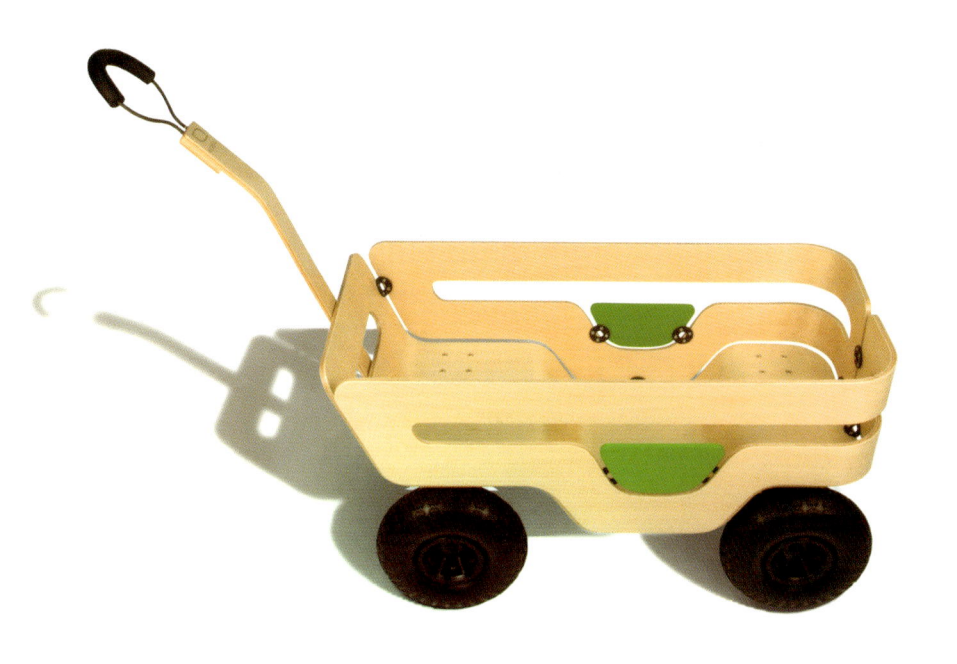

Honeycomb

Designer: Kouichi Okamoto
Photo: Kyouei Design
www.kyouei-ltd.co.jp

We used "Denguri paper : Honeycomb Paper" for this Shade of a lamp. The "Dengri paper" is a local product of Shikoku region in Japan. When it is packed, the thickness is about 2cm. And it can be a Lamp Shade when you open it and put together those edges by some pins.

Utilizamos "papel Denguri: papel de nido de abeja" para la pantalla de la lámpara. El "papel Denguri" es un producto típico de la región de Shikoku, Japón. Cuando está plegado, el papel tiene un grosor de unos 2cm. Y cuando se abre y se unen los bordes con alfileres, se convierte en una pantalla de lámpara.

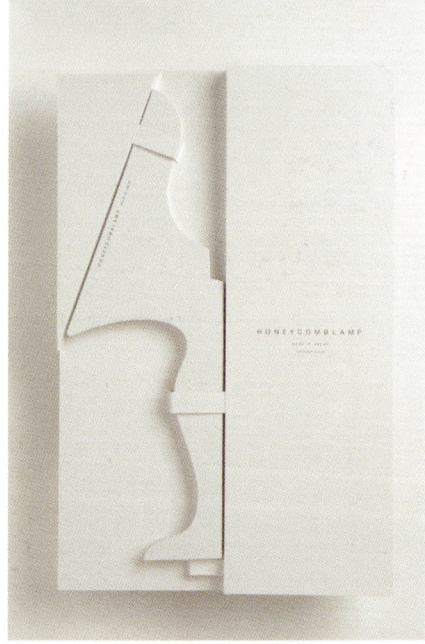

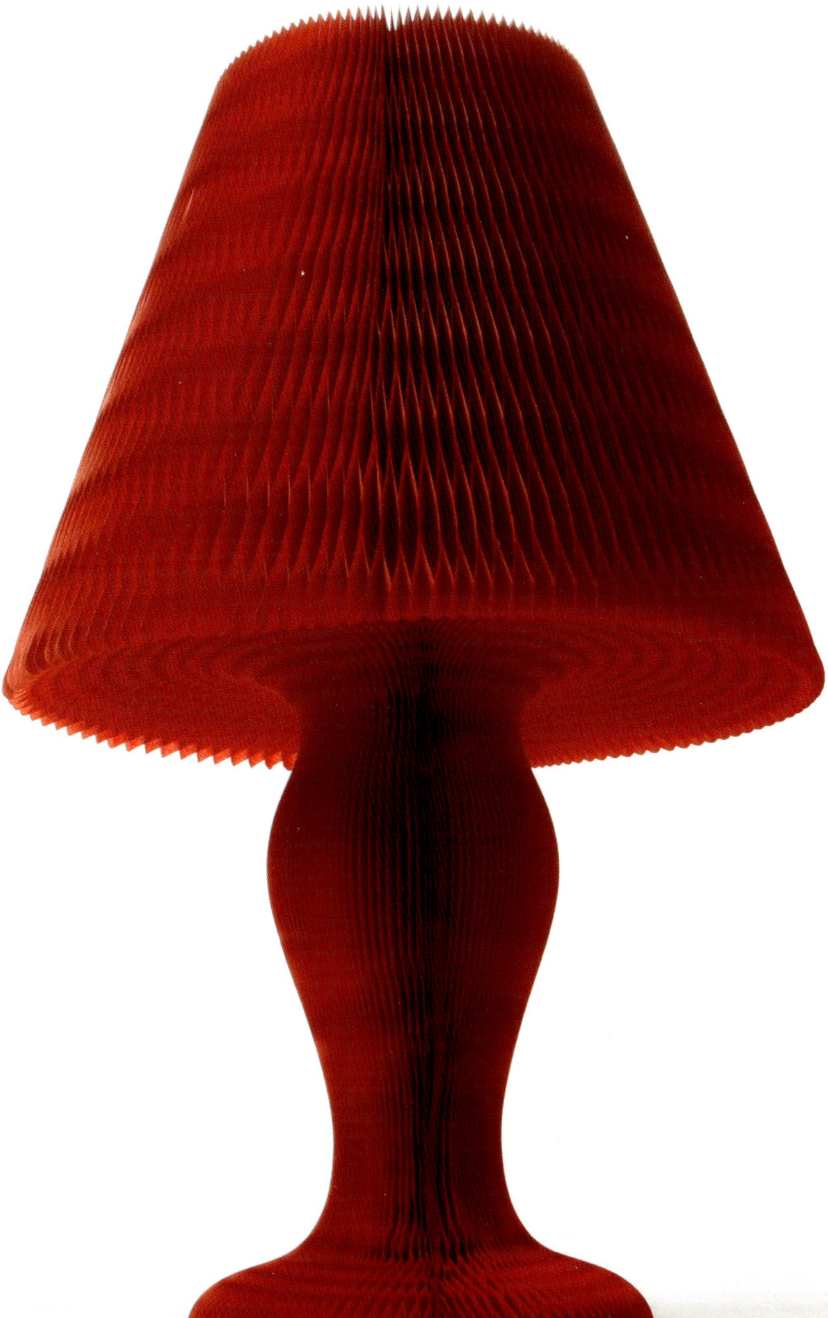

Plus Unit

Designer: Werner Aisslinger
Made: Magis
www.magisdesign.com

System of drawer units in ABS. Stacking and adjoining. Available on feet or wheels.
Material: drawer units in standard injection-moulded polished ABS. Runners in polished extruded aluminium.
Caps in polished aluminium or painted aluminium in the same colour as the drawer.

Sistema de unidades de cajón en ABS apilados entre si. Está diseñado con ruedas y también hay una versión con pies.
Materiales: los cajones estan moldeados por inyección y pulido ABS. Las guías han sido diseñadas en aluminio.

Etagères Rock'n Roll

Designer: Laurence Simoncini,
Elisa de Bartillat
www.serendipity.fr

Original shelf for kids room.
Handmade furniture with 100% natural material.

Original estantería para el cuerto de los niños.
Mueble hecho 100% con material natural y hecho a mano.

Cube Letter

Designer: Kouichi Okamoto
Photo: Kyouei design
www.kyouei-ltd.co.jp

The cubic letter designed was based on the traditional Japanese paper balloon.
The writing paper, shaped like a cube, can be blown up like a balloon.

La letra cúbica diseñada se basa en los globos de papel japoneses tradicionales.
El papel para escribir, que tiene forma de cubo, se puede inflar como un globo.

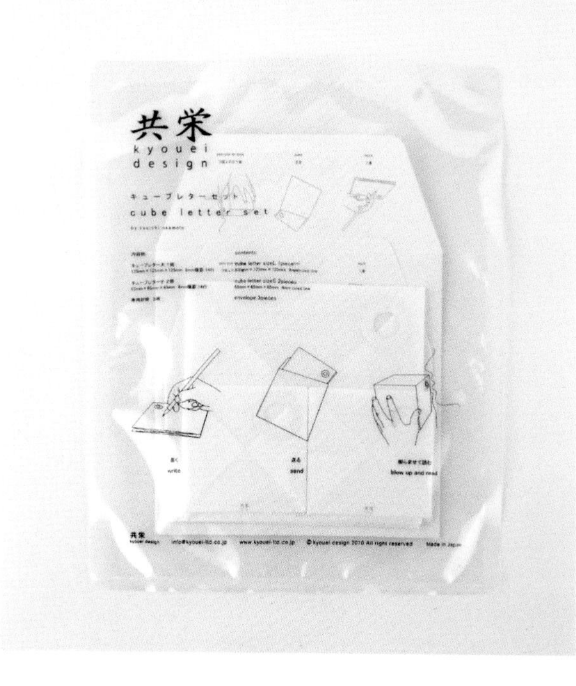
共栄
kyouei
design
キューブレターセット
cube letter set
contents:
cube letter sizeS 2pieces
envelope 3pieces
書く
write
送る
send
blow up and read
共栄
kyouei design
info@kyouei-ltd.co.jp
www.kyouei-ltd.co.jp
© kyouei design 2010 All rights reserved
Made in Japan

The Kebab Lamp

Designer: Committe
www.gallop.co.uk

The Committee Kebab Lamp stands are made by skewering a ollection of found objects, antiques and other miscellany no longer in use with the aim of delighting the viewer with an explosion of colour and reference. Built as a totem of improbably varied materials, the lamps are carefully composed to contain stories and meanings amongst the eclectic objects they include and consequently each lamp is unique and filled with pieces from different eras that allude to the constant turning of fashion and style.

Las lámparas Kebab de Committee han sido diseñadas a partir de una colección de objetos reciclados, algunos encontrados en anticuarios y otros en la basura, con el ánimo de provocar en el espectardor una explosión de color y recuerdos del pasado. Construidas como una especie "totems", las lámparas contienen historias, nos transmiten mensajes y nos provocan sensaciones, atacan directamente a nuestros recuerdos. Cada lámpara es única, no existen dos iguales, llenas de piezas de diferentes eras que aluden al constante cambio de la moda y el diseño.

59

Standard Chair

Designer: Jean Prouvé
Made: Vitra
www.vitra.com

Chairs take the most strain on their back legs, where they bear the weight of their user's upper body. Prouvé took this into account very succinctly in Standard Chair. Tubular steel piping is enough for the front legs that take relatively little strain, whereas the back legs are made of voluminous hollow sections and pass the strain on to the floor.

La carga de una silla es mayor en sus patas traseras, donde debe absorber el peso de la parte superior del cuerpo. Prouvé aplicó este sencillo principio en la Standard Chair de manera significativa. Mientras que para las patas delanteras, con una carga relativamente débil, basta con un tubo de acero, las patas traseras se han diseñado como un cuerpo hueco voluminoso que transmite la carga al suelo.

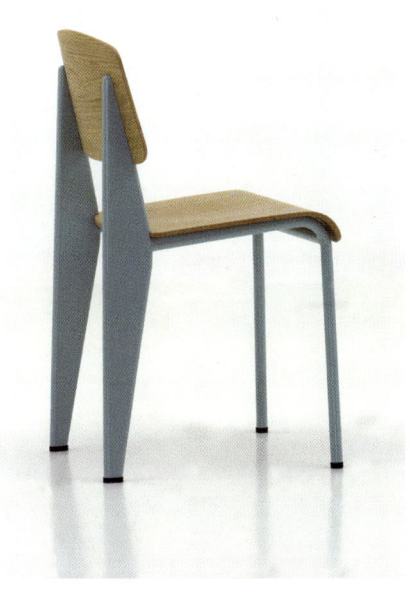

BBO2 Table

Designer: NotNeutral
www.notneutral.com

Is 100% recycled post consumer HDPE? It is high density polyethylene, a plastic resin used in products and packaging such as milk jugs, detergent bottles, margarine tubs, and garbage containers.

Es 100% reciclable. Es de polietileno de alta densidad, una resina de plástica que se utiliza en productos y envases, tales como jarras de leche, botellas de detergente, envases de margarina y contenedores de basura.

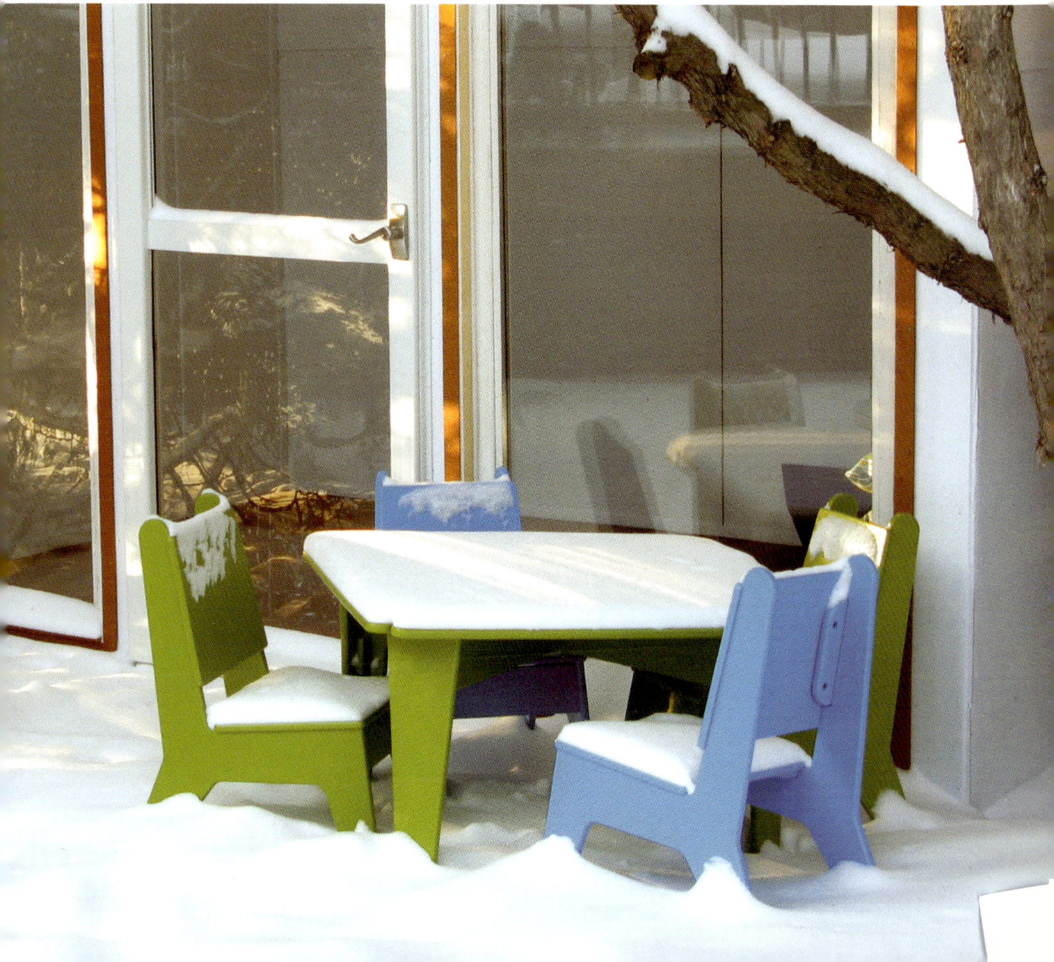

Dacha Playhouse

Designer: Modern Playhouse
www.modern-playhouse.com

The Dacha Playhouse, inspired by and named for the quintessential Russian garden house. This little playhouse will provide shade in the summer and a place for the tiniest members of your family to get messy with an art project, play pretend, or create and care for their very own little garden!

With our no-tools fastening system this durable house goes together in minutes but can withstand any kind of weather or commercial setting and stores easily. The Dacha Playhouse can be set up inside or out and is easily wiped clean from any messy project your toddler will embark on.

Dacha Playhouse, inspirada en la casa de campo rusa como su nombre indica. Esta pequeña casa de juegos proporciona sombra en verano y un lugar para los más pequeños de la familia para crear arte, jugar o cuidar de su pequeño jardín.

Esta casa no requiere herramientas para su montaje, es rápido y fácil, en cuestión de minutos tendrá la casa de juegos lista para disfrutarla. Sus materiales la convierten en una casa duradera y resistente a todo tipo de clima. La casa Dacha es compatible para interior o exterior y es muy fácil de limpiar.

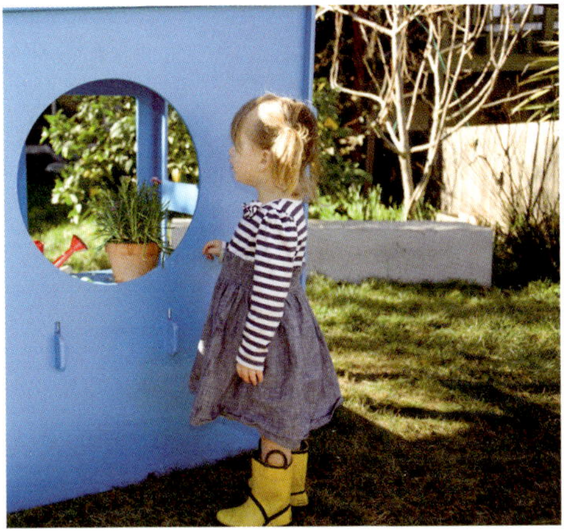

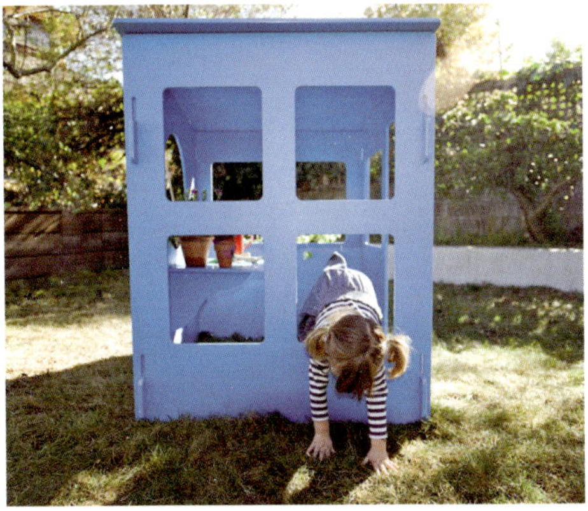

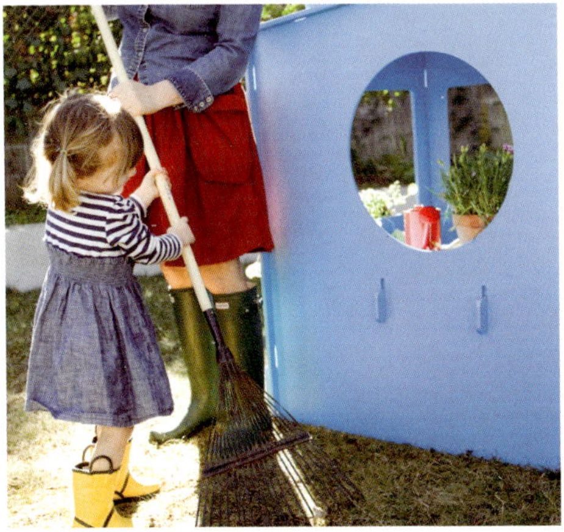

Dacha Playhouse

Designer: Modern Playhouse
www.modern-playhouse.com

67

Atoll

Designer: Play +
www.playpiu.com

Atoll is a microplace, a small area delimited by soft boundaries that can support the youngest children, still uncertain, or act as a backrest or armrest. Atoll is composed of two organically-shaped elements on a base-mat, which can be arranged by both children and adults as the situation requires.

Atoll es un MicroPlace, una pequeña área delimitada por los blandos brazos donde pueden apoyarse los más pequeños, actuando como un respaldo o reposabrazos.
Atoll se compone de dos elementos con forma redondeada sobre una alfombra como base, puede ser utilizado tanto por niños como por adultos.

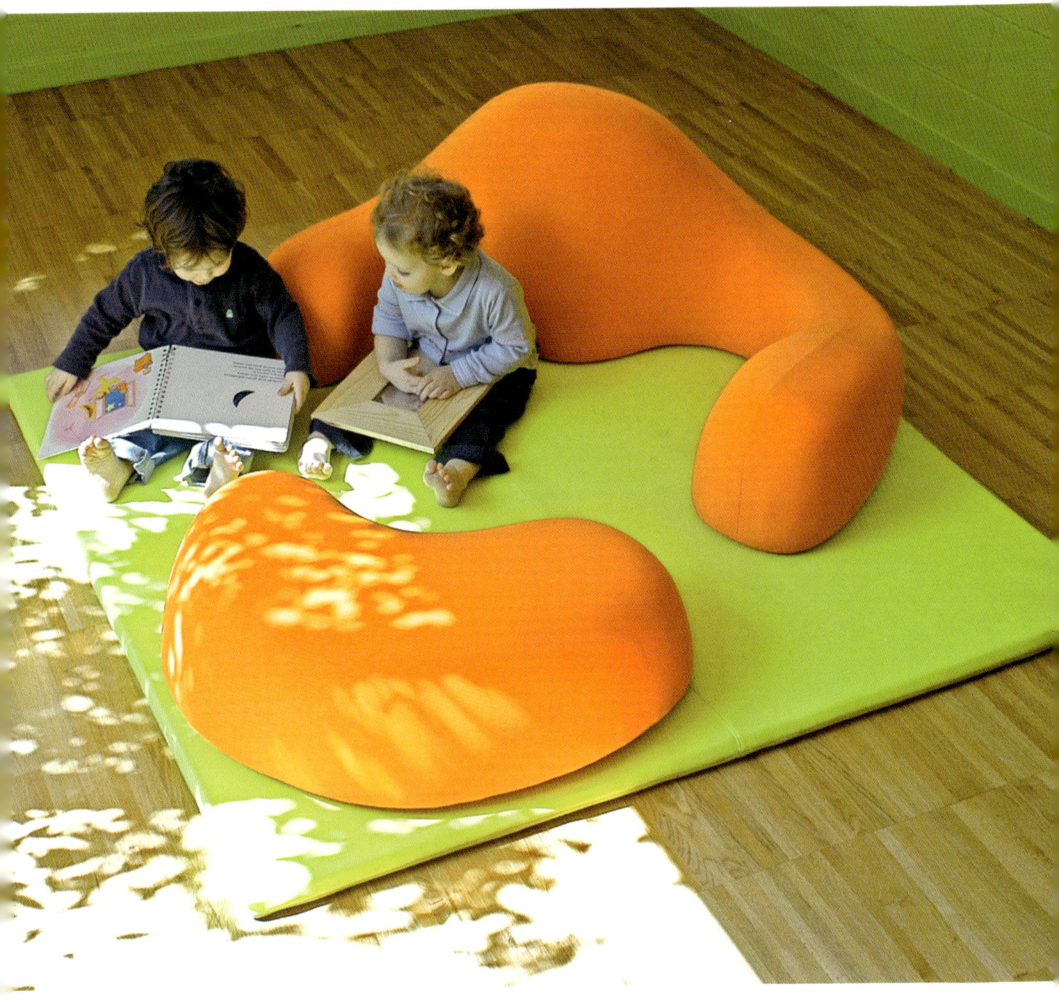

Shrek mp3

Designer: Sang-Hoon Lee
www.sanghoon-design.com

This ain't a toy store! FYI, it's here coz many well known MP3 manufacturers ignore something as vital as earphone management while designing their players. The childish (yet cute!) player puts retractable earphones in the ogre's ears. Here is a prime example of how a one can twist the odd shape of Disney's bane into something constructive.

Esto no es una juguetería! FYI, está aquí porque muchos de los principales fabricantes de MP3 ignoran algo tan importante como la gestión de los auriculares cuando diseñan los reproductores. Este reproductor infantil (pero muy mono) tiene unos auriculares replegables en las orejas del ogro. Este es un ejemplo excelente de cómo se puede convertir la forma del personaje feo de Disney en algo constructivo.

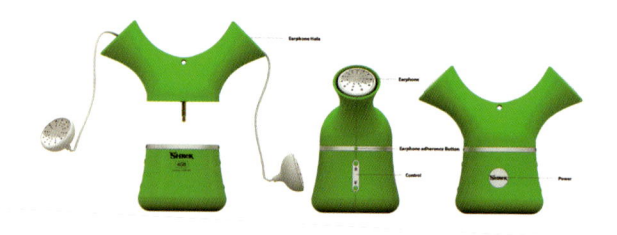

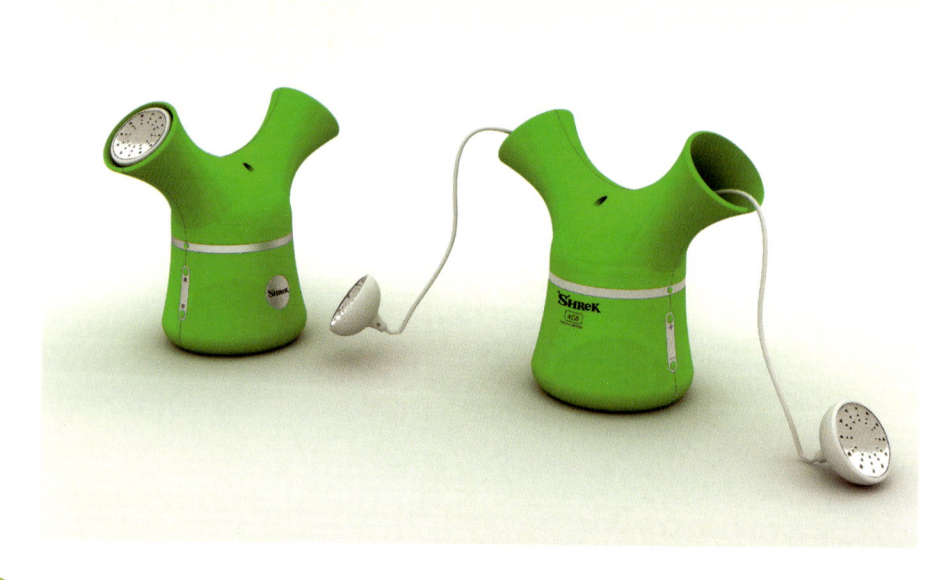

Eero

Designer: Filippo Dell'Orto
Made: Sphaus
www.sphaus.com

Rocking armachair in polyurethane foam reinforced by a steel tube frame.
Upholsetered with fabric or leather from catalogue. Polyurethane base.

Sillón mecedora fabricado en en espuma de poliuretano reforzada por un marco de acero. La base también es de poliuretano.

The Paper Tiger Stool

Designer: Belkiz
www.belkiz.com.au

The Paper Tiger Stool by Australian designer Anthony Dann is an idiosyncratic structure inspired by folded forms and seamless construction. The Paper Tiger Stools are flat-packs which transport efficiently and snap together quickly and easily. Taking advantage of the deceptive strength of triangular folding, the designs are engineered to withstand all the rigors of heavy use. Materials are chosen for their recycled and recyclable content, and manufacture is local to distribution as a social and environmental choice.

Paper Tiger, está diseñado por el australiano Anthony Dann, es una estructura inspirada en las formas plegables y sin costuras. Los taburetes de Paper Tiger, son cómodos, ligeros y podemos montarlos de forma rápida y sencilla. Su diseño es triangular, fabricado con material reciclado y reciclable, mostrando así su compromiso social y ambiental.

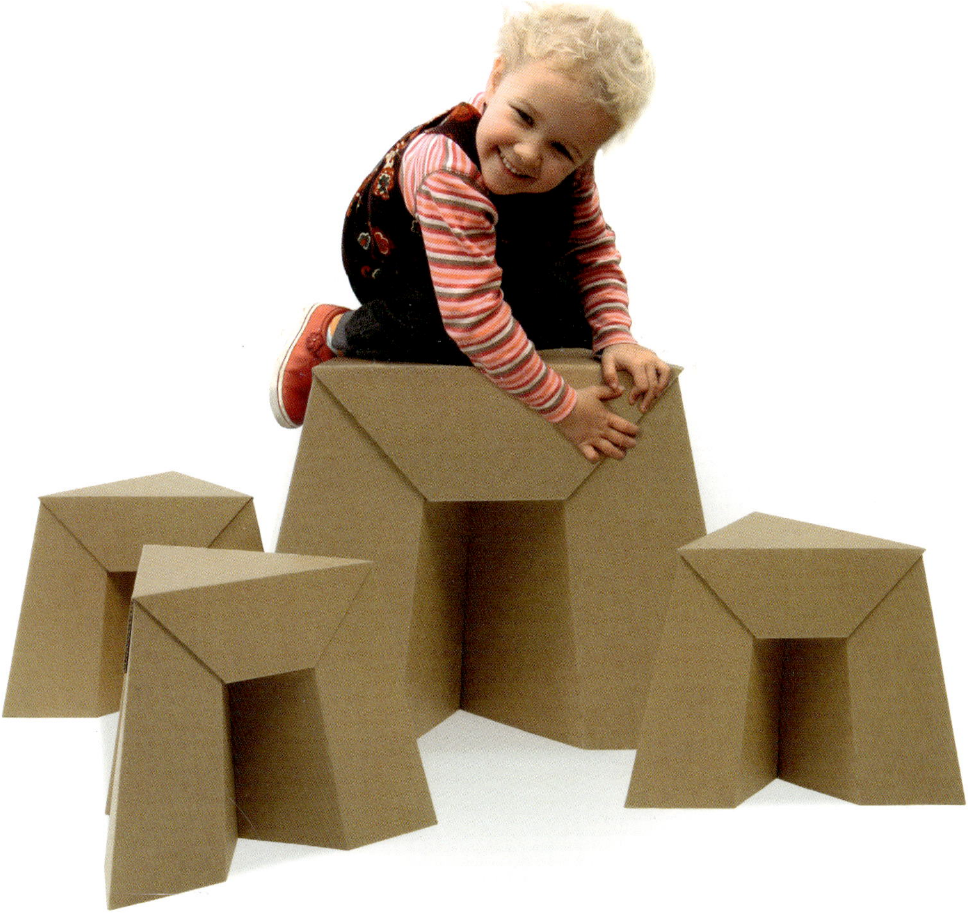

Petit Bed

Designer: Laurence Simoncini, Elisa de Bartillat
www.serendipity.fr

Petit Bed invites you to dream and sleep in quiet sweeter. Its crescent reassures children sleeping. Made with 100% natural and handmade.

Petit Bed invita a soñar y a dormir en la mas dulce calma. Su forma de media luna da seguridad a los niños para conciliar el sueño. Realizado con materiales 100% naturales y hecho a mano.

Snap Chair

Designer: Jennifer Carpenter Malia
www.the-truck.com

The Snap Chair can easily be assembled by kids. It can be paired with the Snap Table or used on its own. The Snap Chair is made from non-toxic painted wood and Baltic ply.

Snap Chair, puede ser instalada fácilmente por los niños. Se puede combinar con la mesa Snap Table.
Snap Chair, está hecha con madera pintada, no tóxica.

One Strip

Designer: Domestic
www.domestic.fr

One strip is a collection of wallpaper strips drawn by graphic artists and designers. Conceived to be used and installed vertically or horizontally, they are all deployed in the width of a single strip of 50cm.
Midway between illustration and trompe l'oeil, some models look for a space in this very vertical format to deploy ornamental or narrative, while others take the reverse track of opening new paths, looking for new uses to renew wallpaper.

One strip es una colección de tiras de papel tapiz dibujado por artistas gráficos y diseñadores. Concebido para ser utilizado e instalado vertical u horizontalmente, todos están desplegados en el ancho de una sola tira de 50 cm.
A medio camino entre la ilustración y el óleo, algunos clientes buscan el renovar un espacio, complementando sus paredes de forma divertida, moderna, actual y colorida.

3 × 3 = 9	3 × 4 = 12
4 × 3 = 12	4 × 4 = 16
5 × 3 = 15	5 × 4 = 20
6 × 3 = 18	6 × 4 = 24
7 × 3 = 21	7 × 4 = 28
8 × 3 = 24	8 × 4 = 32
9 × 3 = 27	9 × 4 = 36
10 × 3 = 30	10 × 4 = 40

1 × 5 = 5	1 × 6 = 6
2 × 5 = 10	2 × 6 = 12
3 × 5 = 15	3 × 6 = 18
4 × 5 = 20	4 × 6 = 24
5 × 5 = 25	5 × 6 = 30
6 × 5 = 30	6 × 6 = 36
7 × 5 = 35	7 × 6 = 42
8 × 5 = 40	8 × 6 = 48
9 × 5 = 45	9 × 6 = 54
10 × 5 = 50	10 × 6 = 60

1 × 7 = 7	1 × 8 = 8
2 × 7 = 14	2 × 8 = 16
3 × 7 = 21	3 × 8 = 24
4 × 7 = 28	4 × 8 = 32
5 × 7 = 35	5 × 8 = 40
6 × 7 = 42	6 × 8 = 48
7 × 7 = 49	7 × 8 = 56
8 × 7 = 56	8 × 8 = 64
9 × 7 = 63	9 × 8 = 72
10 × 7 = 70	10 × 8 = 80

1 × 9 = 9	1 × 10 = 10
2 × 9 = 18	2 × 10 = 20
3 × 9 = 27	3 × 10 = 30
4 × 9 = 36	4 × 10 = 40
5 × 9 = 45	5 × 10 = 50
6 × 9 = 54	6 × 10 = 60
7 × 9 = 63	7 × 10 = 70
8 × 9 = 72	8 × 10 = 80
9 × 9 = 81	9 × 10 = 90
10 × 9 = 90	10 × 10 = 100

La Marrana

Designer: Luis Eslava
www.luiseslava.com

The moneybox pig that saves water instead of money. It works storing the water left in the glasses after the meals, for watering the plants afterwards.

La hucha-cerdito que en lugar de ahorrar dinero, ahorra agua. Sirve para almacenar todo el agua sobrante de los vasos de la comida para después regar las plantas.

79

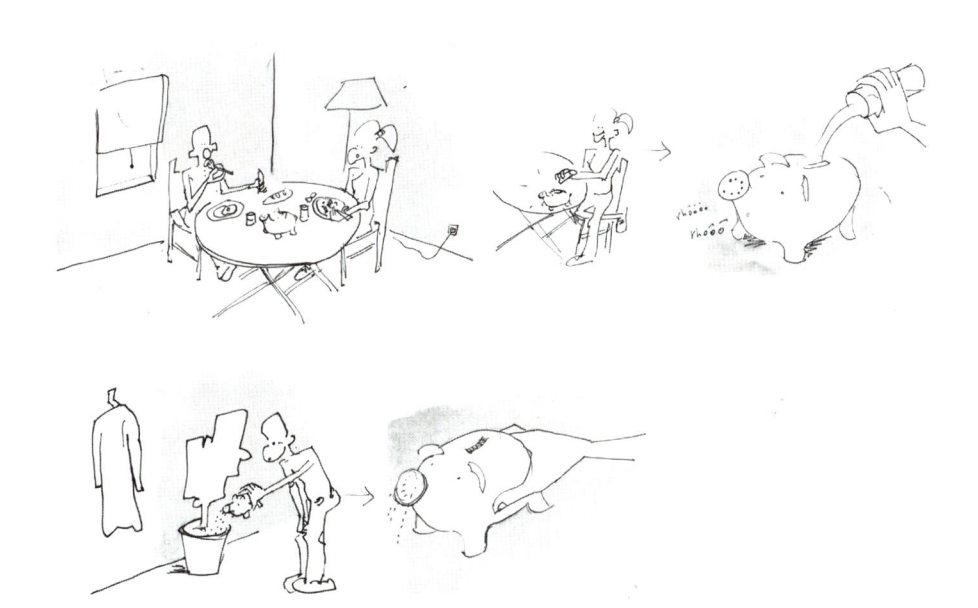

Books-To-Go!

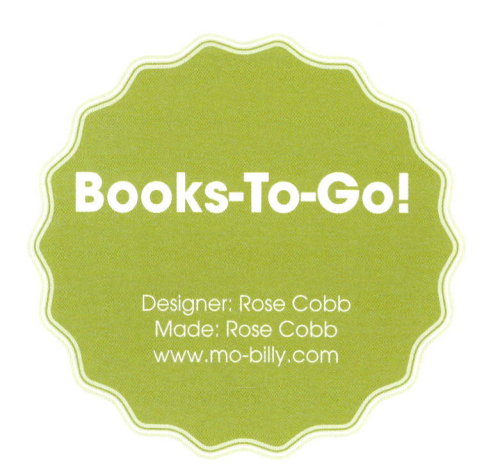

Designer: Rose Cobb
Made: Rose Cobb
www.mo-billy.com

Aside from being a decorative element in its own right, this design from Rose Cobb will help us to keep our books in place and prevent them falling by securing them in a very special way. The easy way to make a game of teaching our children to keep their things tidy. Made from laminated plywood, steel and acrylic, this is without doubt state-of-the-art furniture for modern lifestyles.

Además de ser un elemento decorativo en si mismo, este diseño de Rose Cobb nos ayudará mantener los libros en su sítio sin que se caigan sujetándolos de una manera un tanto especial. La manera más fácil de educar jugando a nuestros hijos para que sean ordenados con sus cosas. Fabricado en contrachapado laminado, acero y acrílico. Sin duda es mobiliario de vanguardia para la vida moderna.

Chicken

Designer: Bobles
www.bobles.dk

The Chicken can be used as a stepping stone and turned upside down, there is a see saw function.

Chicken puede ser un divertido puente que cruzar, o girarlo y convertirlo en balancín.

Wall Stickers

Designer: Mimi Lou
www.mimilou.net

The heart of this adventurous is creativity, discovery and the energy to explore new words, materials and products. A funny idea that makes scence ending a final product we like, thats our challange because we like when things are right and please you. And when we see that it works, that you share our ideas and that you like them… it makes us feel happy.

El corazón de esta aventura es la creatividad, el descubrimiento y la energía para explorar nuevas palabras, materiales y productos. Una idea divertida que se convierte en un producto final muy atractivo.

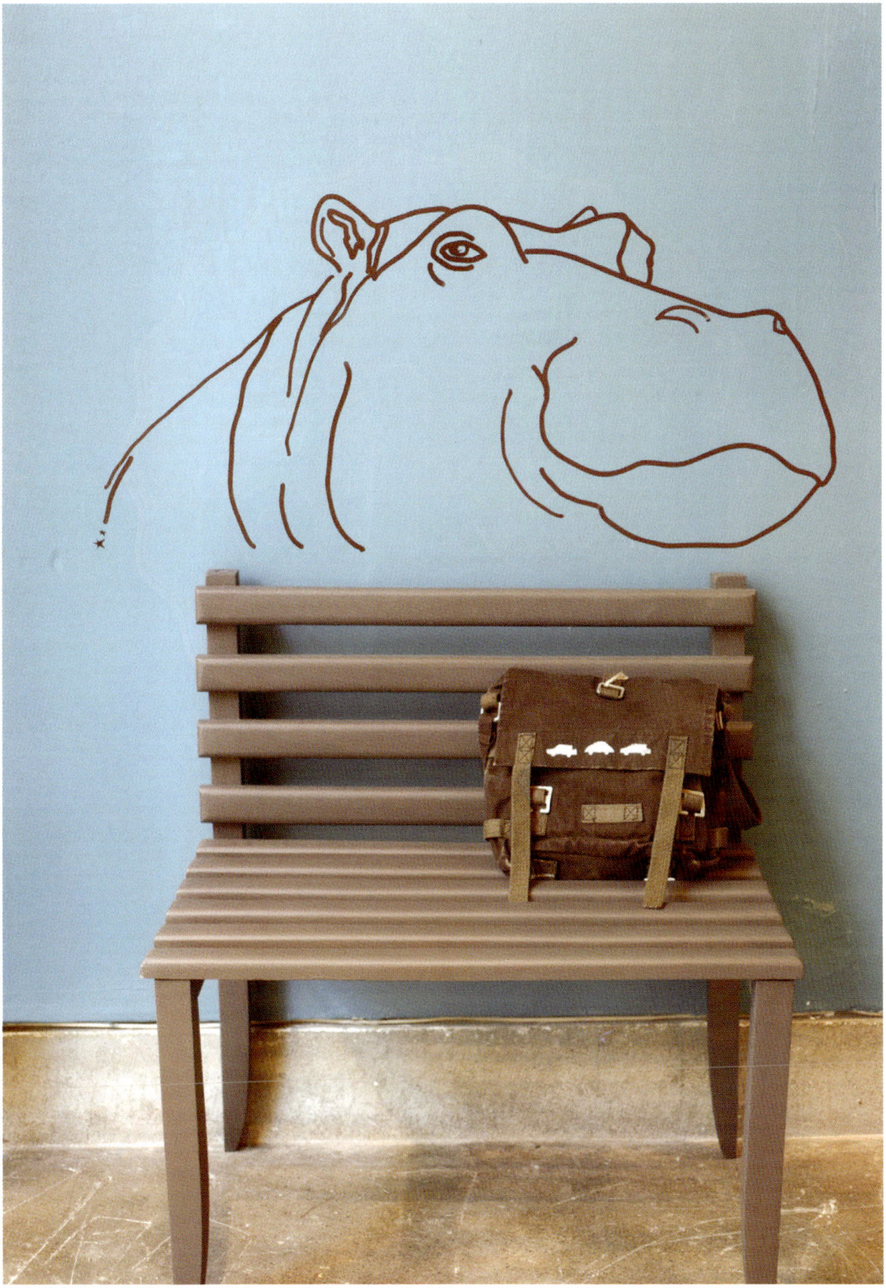

Wall Stickers

Designer: Mimi Lou
www.mimilou.net

85

Shark

Designer: Ben Blanc
www.benblanc.com

Shark is a fold up cardboard toy which kids can assemble, paint, draw on, and play with. The cardboard is chemical free, recycled and recyclable, all made in America.
Material: Recycled chemical free cardboard.

Shark, es un tiburón de cartón, que los niños pueden montar y pintar, para personalizarlo. El cartón es un producto no tóxico, reciclado y reciclable, todos están hechos en Estados Unidos.
Material: Cartón reciclado libre de productos químicos.

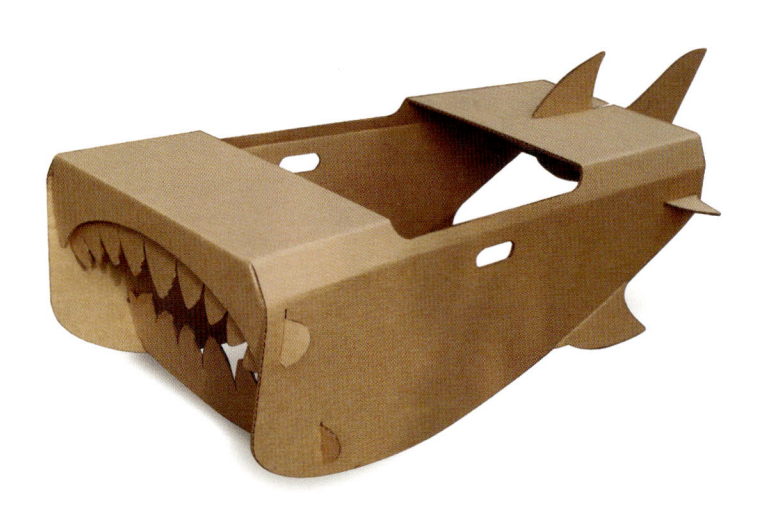

87

The Belkiz Feedaway

Designer: Belkiz
www.belkiz.com.au

Belkiz Feedaway is a portable, lightweight, cardboard feeding chair that can be used for temporary situations or where space is at a premium. It is an easy to assemble feeding chair for toddlers up to 20 months of age, up to 20kg, who are away from home. A non toxic food coating provides for easy cleaning. The Feedaway can be used up to 30 days at 6 feeds a day.

Belkiz Feedaway es portátil y ligero. Esta trona de cartón nos ofrece el poder montarla y desmontarla con gran facilidad en cualquier situación. Es ideal para niños pequeños de hasta 20 meses de edad y resiste hasta 20 kg. Está barnizado con un producto no tóxico que lo hace de fácil limpieza. El Feedaway se puede utilizar todos los días.

89

Pep Jug

Designer: Andras Rigler
www.rigler.hu

This jug is designed to serve cold drinks, its form and its use is inspired by the gestures of nature, in order to restore the image of food sources in everyday aesthetics.

Esta jarra está diseñada para servir bebidas frías, su forma y su uso se inspiran en los gestos de la naturaleza, con el objetivo de restaurar la imagen de las fuentes de comida en la estética diaria.

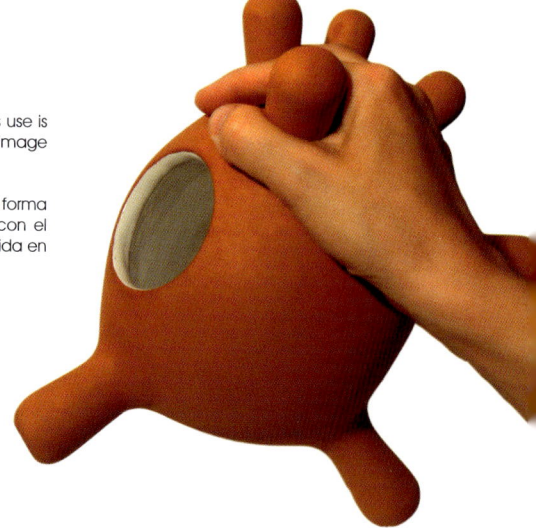

Benz Bench & Table

Designer: Green Lullaby
www.green-lullaby.com

A Bench & Table, made entirely of cardboard. although designed for kids, Benz Bench can carry as much as 120 Kg and provides for a parent sitting next to a child. The table storage is suitable for A4 paper and crayons. Their lightweight makes them easy to move around the house. The cardboard's shock-absorbent qualities create a safer environment for the child. they can be easily cleaned using a wet-wipe. Completely recyclable made mostly of recycled material and protected by a "green" fire retardant.

Un banco y una mesa hechos de cartón. Aunque se ha diseñado para los niños, Benz banco puede aguantar hasta 120 Kg. Su peso ligero hace que sea fácil el moverlo a cualquier espacio de la casa. Una cualidad de este tipo de mobiliario es que absorbe los golpes, el cartón proporciona un entorno más seguro para el niño. Se puede limpiar fácilmente con un paño húmedo.
Estos son muebles completamente reciclables.

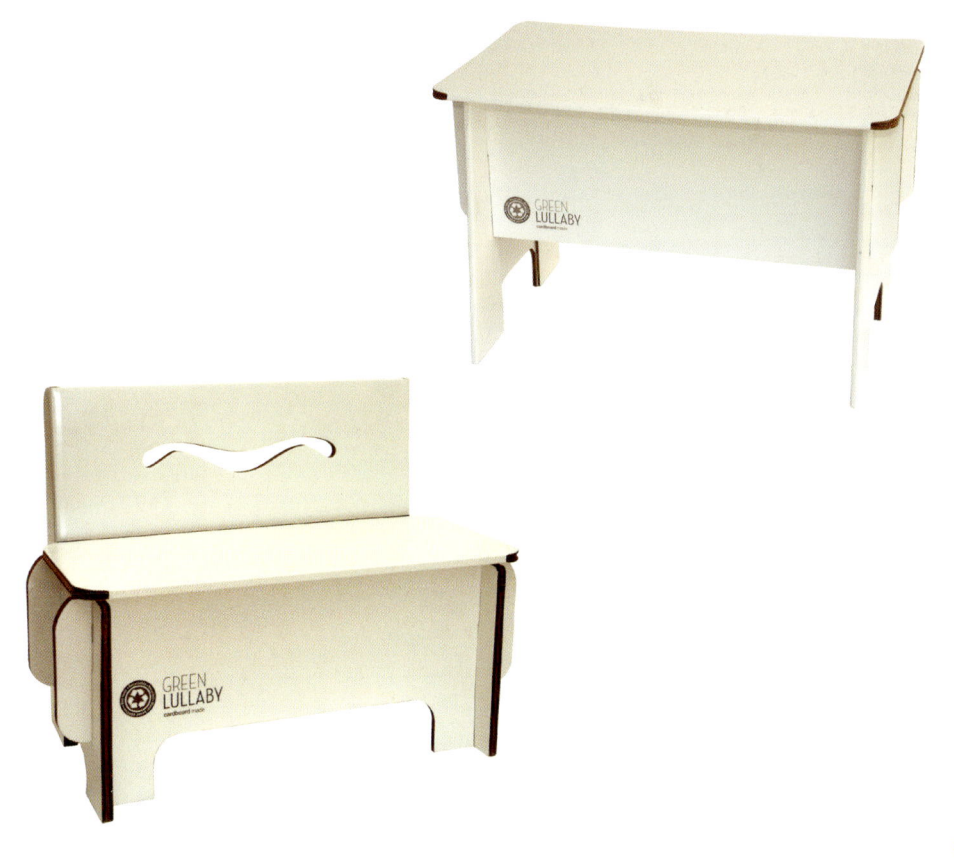

Snake

Designer: Bobles
www.bobles.dk

The Snake can function as a table, a tunnel or turned upside down and used as a boat.

Snake, recomendada para desarrollar su imaginación, creando un túnel, un barco o una mesa.

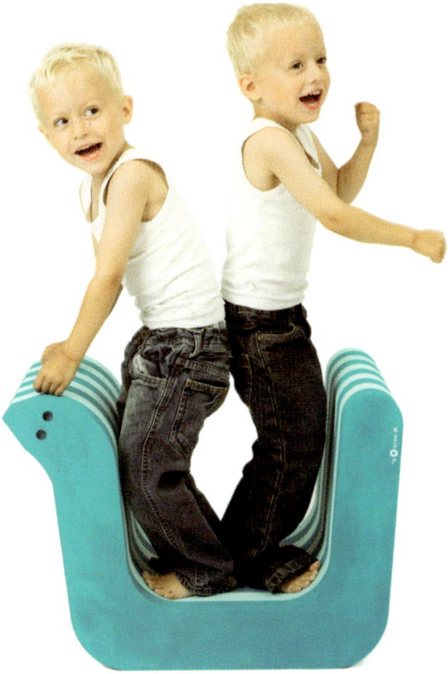

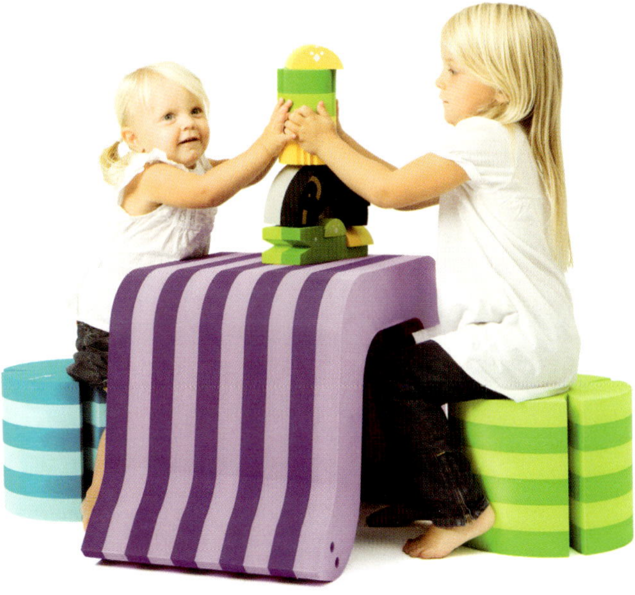

Ray Collection

Designer: Bobles
www.bobles.dk

The Ray Collection by Muu is a natural extension of a company built on American quality and timeless design. The new line consists of a Crib (made from solid maple), Toddler Conversion Kit, Dresser, multi-function Storage Unit and changing tray that can fit either the dresser or storage unit and is available in hazelnut, white or white with hazelnut legs with edited MuuPanel_ options.

La colección Ray de Muu, es una extensión natural de una empresa construida sobre la calidad y el diseño atemporal. La nueva línea se compone de una cuna (de arce sólido), kit de conversión para niños, tocador, parte de almacenamiento multifuncional y la bandeja de cambio, que pueden alojar tanto la cómoda como la parte de almacenamiento. Está disponible en color blanco y avellana combinado con las patas en color natural.

Zen Wagon

Designer: Kaiku
www.kaikudesign.com

It's a beautiful thing when a designer can infuse so much personal emotion into a product. Designers Scot + Amy Herbst knew they had something special when their two little ones learned to walk behind early prototypes of the Pushpull.

Es hermoso cuando un diseñador puede plasmar tanta emoción personal en un producto. Los diseñadores Scot + Amy Herbst sabían que habían creado algo especial cuando sus dos pequeños aprendieron a caminar detrás de los primeros prototipos de Pushpull.

U-Roll

Designer: Eric Pfeiffer
www.pfeifferlab.com

The URoll is the perfect size for little racers that boasts a cantilevered seat strong enough for Dad + Mom. The floating form creates a dynamic toy car that lets junior cruise in style. With an incredible turning radius, it's agile enough for small spaces and able to maneuver around tight corners.

El URoll, tiene el tamaño perfecto, cuenta con un asiento suficientemente fuerte como para papá o mamá. La forma flotante crea un carro de juguete dinámico que permite llevar todo lo que quieras. Con un radio de giro increíble, es lo suficientemente ágil para espacios pequeños y es capaz de maniobrar alrededor de curvas cerradas.

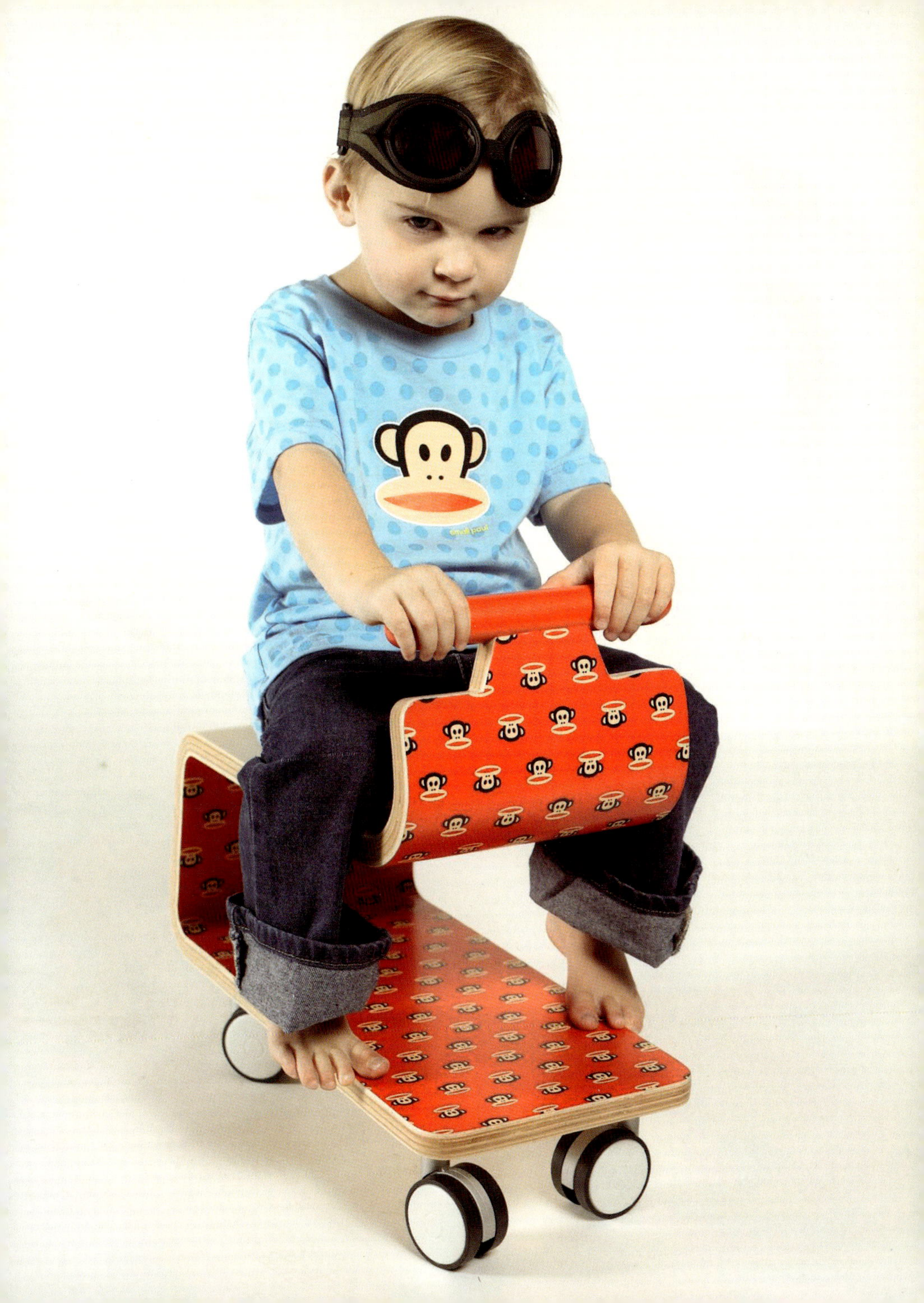

Rock it Chair

Designer: Jennifer Carpenter Malia
www.the-truck.com

The Rock-It chair is part of the Built by "Me collection" - kids will love to help put it together. The Rock-It chair is made from non-toxic painted wood and Baltic ply.

Rock-it, es una silla que forma parte de la colección "Me collection", a los niños les encanta. Rock-it, esta fabricada con madera pintada, no tóxica.

Snap Step Stool

Designer: Jennifer Carpenter Malia
www.the-truck.com

The Snap Step can easily be assembled by kids. They'll use it for a leg-up at the sink, or as extra seating in a pinch. The Snap Step is made from non-toxic painted wood and Baltic ply.

Snap Step, puede ser instalado fácilmente por los niños. Su función es la de una escalera para alcanzar lo que necesiten, o una silla con dos niveles. Snap Step, está hecho con madera pintada, no tóxica.

Villa Julia

Designer: Javier Mariscal
Made: Magis
www.magisdesign.com

Have fun painting your playhouse!.
This house is made of board. Available in white with vinyl to attach and decorate the outside of the cottage. It offers the opportunity to use paints, or any type of material to give personality and joy to play in this fabulous home designed by the world renowned artist Javier Mariscal.
Ideal to create your own space or game room in a bright, comfortable and cozy.

¡Diviertete pintando tu casita de juego!.
Esta casita para interior y fabricada en cartón, esta disponible en color blanco con unos vinilos para enganchar y decorar la parte exterior de la casita. Ofrece la oportunidad de poder utilizar pinturas, o cualquier tipo de material para darle personalidad y diversión a esta fabulosa casa de juegos, diseñada por el artista reconocido mundialmente Javier Mariscal.
Ideal para crear su propio espacio o sala de juegos en un ambiente luminoso, confortable y acogedor.

135

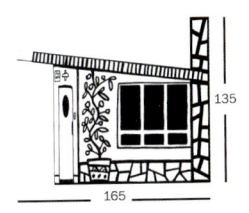

165

120

101

Eco Cradle

Designer: Green Lullaby
www.green-lullaby.com

A baby Cradle made entirely of corrugated cardboard and designed to cater for babies first few months. The Eco Cradle can be placed next to a parent's bed, at the right height for rocking, soothing or picking-up your baby from a laying or sitting position. It is light and foldable, assembles and disassembles in seconds without tools. perfect for traveling and great for grandparents. It is completely recyclable and made mostly of recycled material, and protected by a unique, "green", non-toxic fire retardant. Complies with European safety standard certificates.

La cuna Eco Cradle, está hecha de cartón y diseñada para atender a los bebés los primeros meses. La cuna Eco Cradle, se puede colocar junto a la cama de los padres, a la altura correcta para mecerlos, calmarlos o cogerlos estando tendidos o sentados en la cama. Es ligera y plegable, se arma y desarma en segundos sin necesidad de herramientas, perfecto para viajar. Es totalmente reciclable y anti-inflamable.
Cumple con la norma de seguridad europea.

103

3 Blocks

Designer: Kalon Studio
www.kalonstudio.com

Designed to be a highly versatile piece of furniture, 3 Blocks is a set of 3 nesting tables / stools that play with the elemental shapes of the square, the circle and the line. The blocks nest within one another or stack to create a sculptural tower or storage space. An optional fern engraving is different on each of the 3 cubes. With lifelike precision the fern wraps around the edges, playfully overrunning the piece.

Diseñada para ser una pieza muy versátil, 3 Blocks es un juego de 3 mesas nido o taburetes que juegan con las formas elementales del cuadrado, el círculo y la línea. El nido de bloques de uno dentro del otro o apilar para crear una torre escultural o espacio de almacenamiento. Un gravado opcional y diferente en cada cubo, hechos con una precisión muy realista.

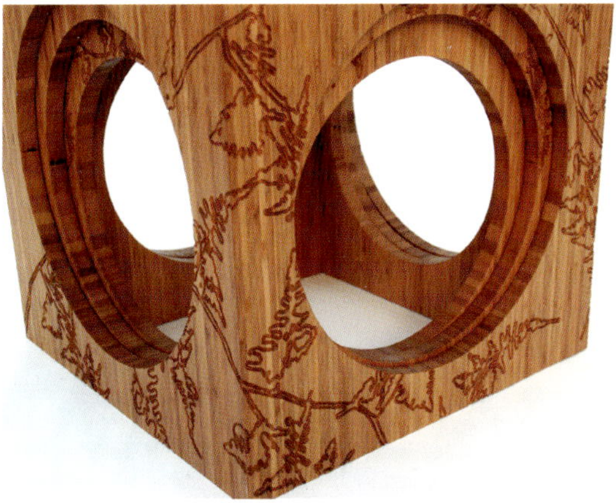

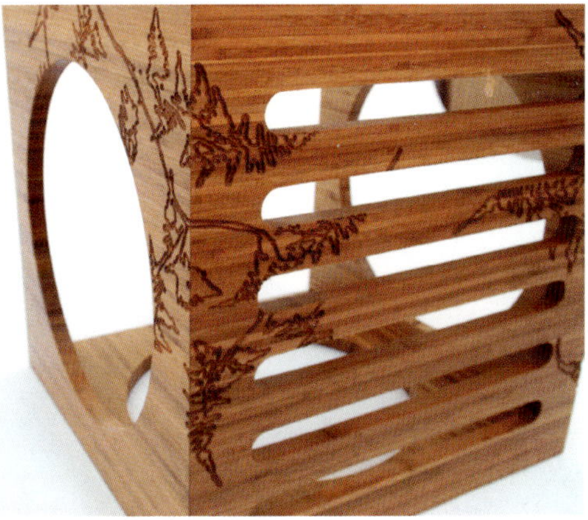

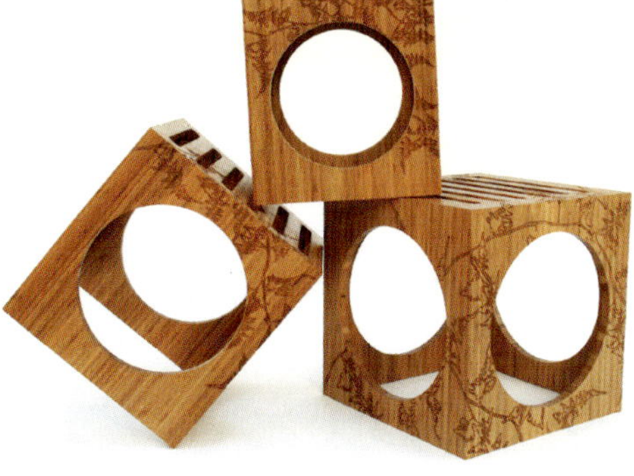

Rocking Armchair Road

Designer: Charles & Ray Eame
Made: Vitra
www.vitra.com

Plastic Armchairs were first presented as part of the famed New York Museum of Modern Art competition, "Low Cost Furniture Design."
A modern twist into the decoration of the room.

Los sillones de plástico de Vitra fueron presentados como parte del concurso de Arte Moderno del Museo de Nueva York, "Low Cost Furniture Design".
Un toque moderno dentro de la decoración de la habitación.

Every child
is an artist

Wallstickers

Designer: Ferm Living
www.ferm-living.com

Make a wall pop, give new life to an old piece of furniture or decorate a window. It is so easy, but it makes such a lasting impression. Choose from our range of WallSticker designs to make your own interior fashion statement. All smooth and even surfaces are suitable for WallStickers. So all that is left for you to do it choose your favourite design and make it stick.

Crear una pared pop, dar nueva vida a un viejo mueble o decorar una ventana. Es tan fácil, como utilizar unos vinilos de impresión duradera. Elija entre nuestra gama de diseños de vinilos para hacer su propia decoración de interior. Todas las superficies lisas son adecuadas para WallStickers. Así que solo te falta elegir tu diseño favorito y pegarlo.

109

Adopt Me

Designer: Domestic
www.domestic.fr

A sprawling family comprising about 100 characters created and trained by renowned graphic artists to be adopted urgently to satisfy your needs for affection and to give a little madness to your telephones, laptops, dairies and business cards, to populate and make envelopes and notebooks, scooters, bicycles and mobylettes, personal dairies and secret boxes teem. All the characters have the name of their respective families: Ich&Kar, GeneviËve Gauckler, Tado, Jeremyville, Rolito, Tania & Vincent, Kustaa Saksi, Furi Furi, Jon Burgerman, Rinzen.

Una familia extensa que comprende cerca de 100 personajes creados y realizados por reconocidos artistas gráficos, para satisfacer sus necesidades de afecto y dar un poco de locura a sus teléfonos, ordenadores, muebles, bicicletas...
En estas cajas abundan personajes secretos, todos ellos tienen el nombre de sus respectivas familias: Ich&Kar, GeneviËve Gauckler, Tado, Jeremyville, Rolito, Tania & Vincent, Kustaa Saksi, Furi Furi, Jon Burgerman, Rinzen.

Design by Tania et Vincent.

wah!

cuddles
&kisses.

On this page:
Design by Jon Burgerman.
Design by Kustaa Saksi.
Design by Geneviève Gauckler.

Design by Tado.

Design by Jeremyville.

Paper Forest

Designer: Carlos Giovani Studio
www.carlogiovani.com

My inspiration came from the jungle colors and the animal movements. I wanted to create some great synthesis for the forest and the animals without loose their personality.

Me inspiré en los colores de la jungla y los movimientos de los animales. Quise hacer una síntesis de la selva y los animales sin perder su personalidad.

115

Foldschool

Designer: Foldschool
www.foldschool.com

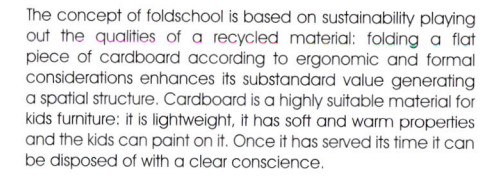

The concept of foldschool is based on sustainability playing out the qualities of a recycled material: folding a flat piece of cardboard according to ergonomic and formal considerations enhances its substandard value generating a spatial structure. Cardboard is a highly suitable material for kids furniture: it is lightweight, it has soft and warm properties and the kids can paint on it. Once it has served its time it can be disposed of with a clear conscience.

El concepto de foldschool se basa en la sostenibilidad jugando con las cualidades de un material reciclado: doblar una pieza plana de cartón de acuerdo a las consideraciones orgánicas y formales que realzan su valor. El cartón es un material muy adecuado para los muebles infantiles: es ligero, tiene propiedades suaves y cálidas y los niños pueden pintar sobre él.

117

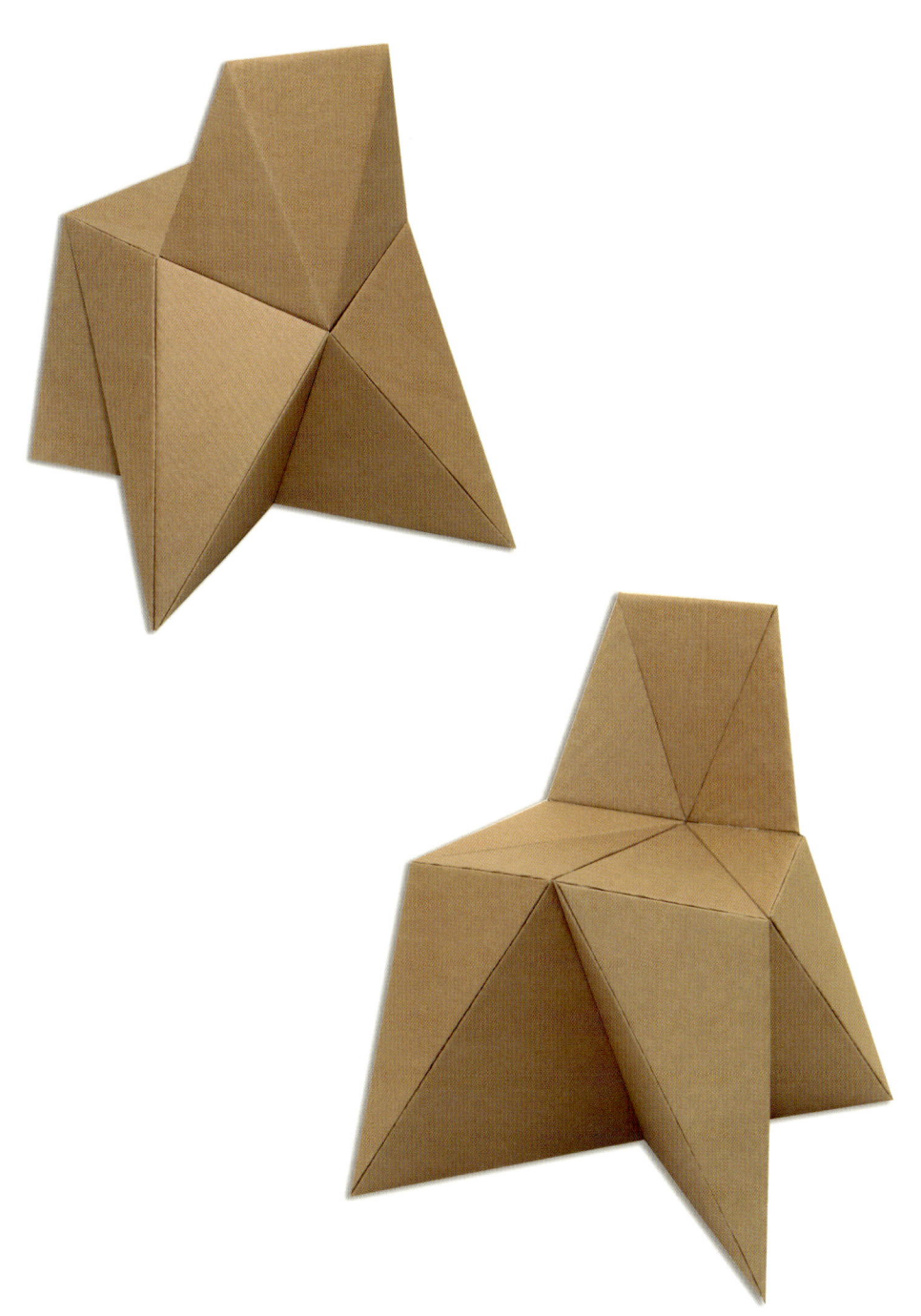

Bendable Interior Objects

Designer: Form us with loves
Made: Form us with loves
www.formuswithloves.se

Una divertida manera de aprender a ordenar la habitación infantil jugando. Se trata de una colección de muebles y objetos diseñados por Form us with love. Desde un perchero hasta un taburete, realizados en láminas metálicas troqueladas muy fáciles de doblar y resitentes. Harán las delicias de los más pequeños de la casa.

A pleasant way to make a game of children learning to tidy their own bedrooms. Actually a collection of furniture and objects designed by Form us with love. From coat hangers to stools, all are made from die-cast metal plate, highly resistant and bendable. Sure to delight even the smallest members of the household.

119

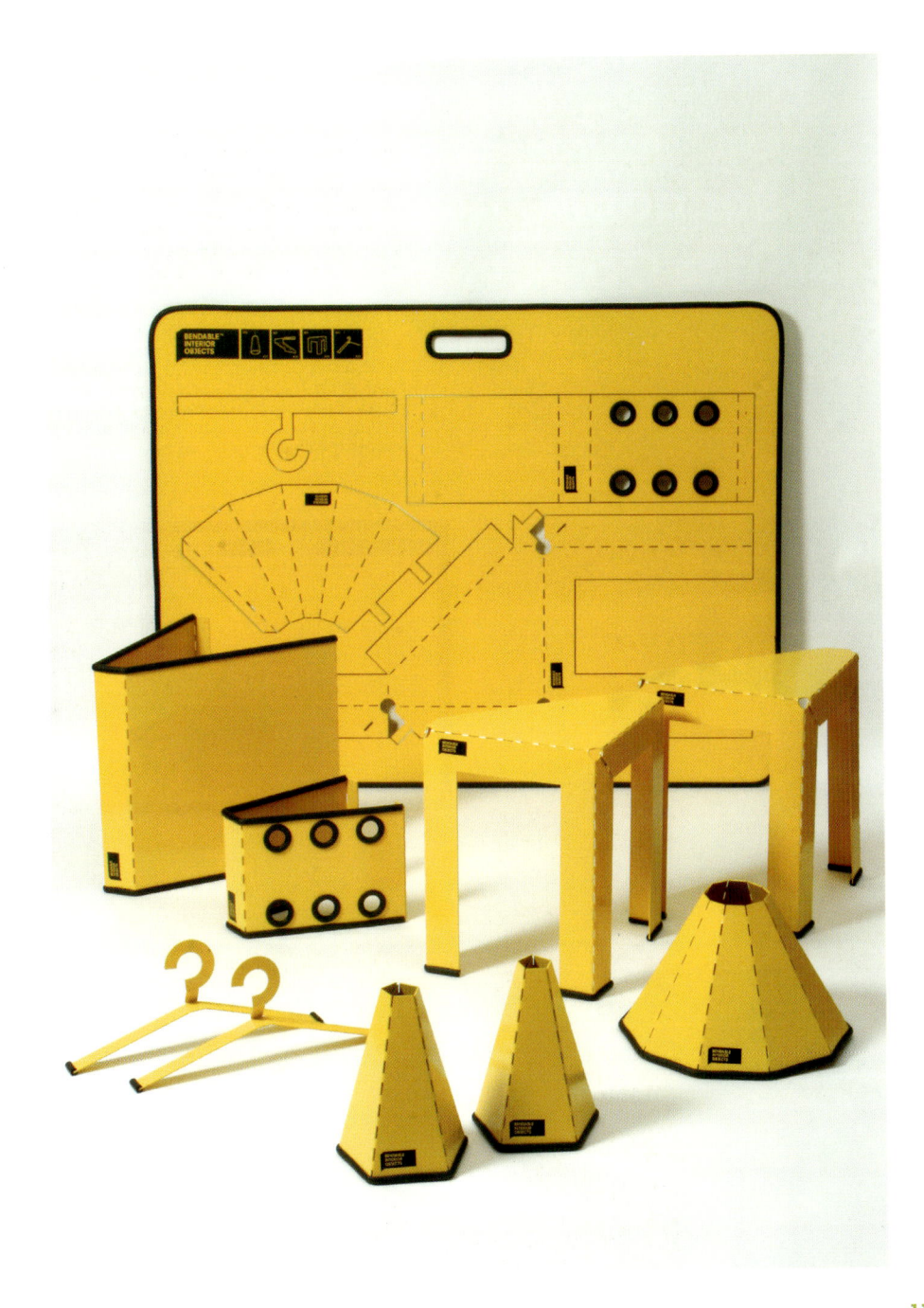

Bendable Interior Objects

Designer: Form us with loves
Made: Form us with loves
www.formuswithloves.se

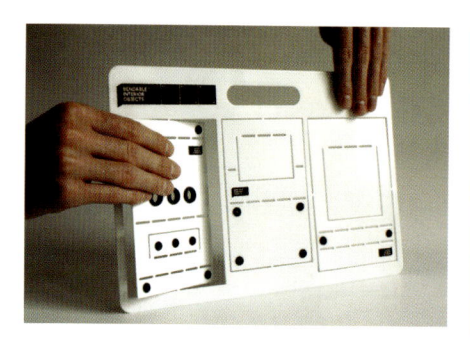

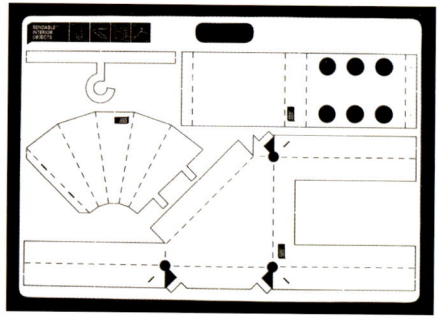

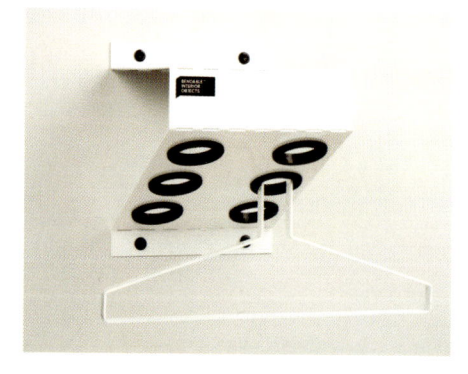

120

121

Fill in the Cat

Designer: Nel
Made: Frigocel
www.carlogiovani.com

My inspiration came from the jungle colors and the animal movements. I wanted to create some great synthesis for the forest and the animals without loose their personality.

Me inspiré en los colores de la jungla y los movimientos de los animales. Quise hacer una síntesis de la selva y los animales sin perder su personalidad.

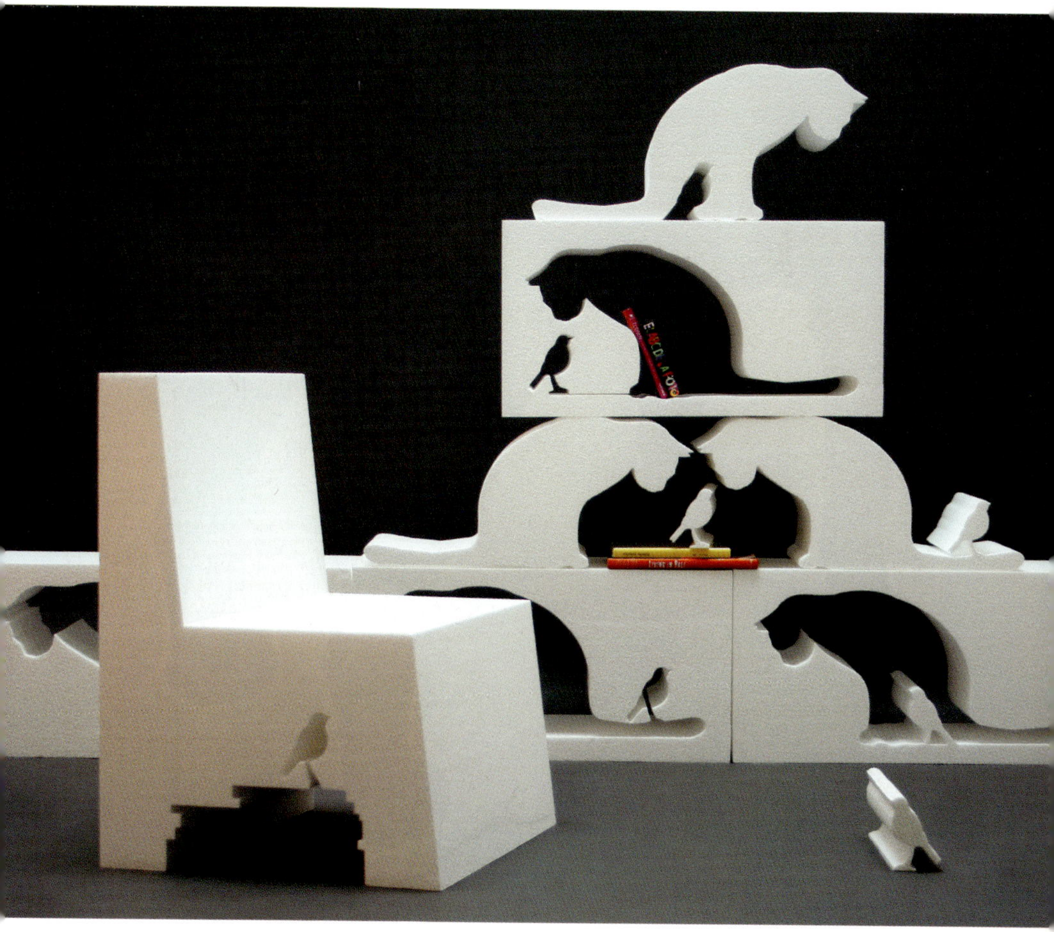

Strollkart

Designer: Kaiku
www.kaikudesign.com

There is no better homage to the mid-century craft of bent-ply than the Strollkart—a continuous bend in a single length of birchwood. With a recycled soft cotton bucket for groceries and stuffed friends, having fun is simple!

No hay mejor homenaje a la actividad artesanal de mediados de siglo XX como el Strollkart. Un ángulo continuo en una sola pieza de madera de abedul. Con un cubo de suave algodón reciclado para transportar a los amigos. ¡Divertirse es muy sencillo!.

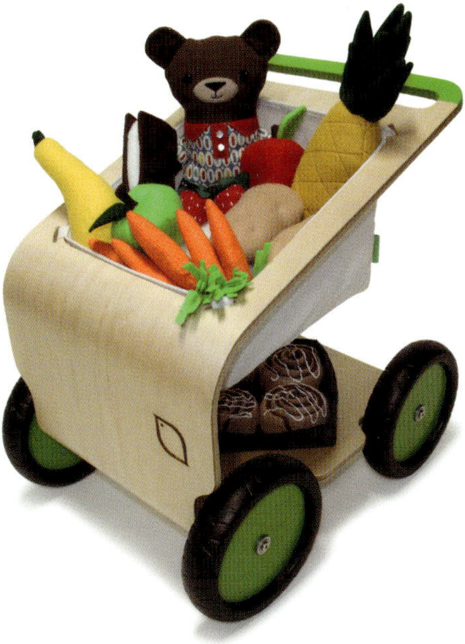

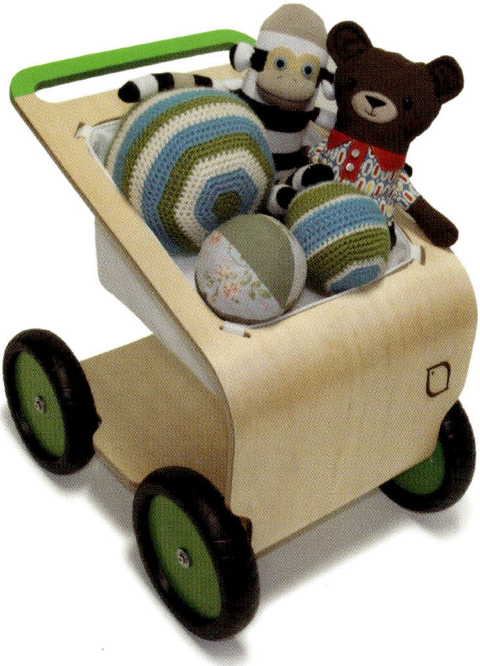

Deluxe Playhouse

Designer: Kids Crooked House
www.kidscrookedhouse.com

Here at Kids Crooked House we believe passionately in the power of play. Nurture your child's imagination through play—take them for a walk, get outside and run around, play kickball or catch, hide and seek, or jump rope. The possibilities are endless. We'll do our part by providing creative wooden playhouses designed to fuel your child's imagination and make your backyard a destination play space.

Aquí, en Kids Crooked House creemos apasionadamente en el poder del juego. Cultiva la imaginación de tu hijo a través de salir a la calle y empezar a correr, jugar a la pelota o al escondite, saltar a la cuerda... las posibilidades son infinitas. Vamos a hacer nuestra parte, proporcionando creativas casitas de madera diseñadas para alimentar la imaginación de sus hijo y hacer de su patio trasero el destino de juego.

2,2m
2,4m 1,2m

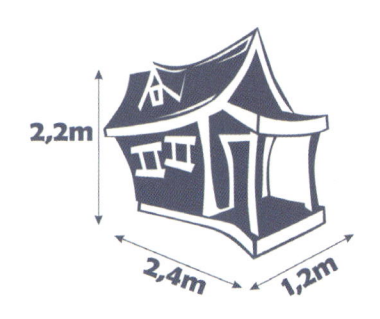

127

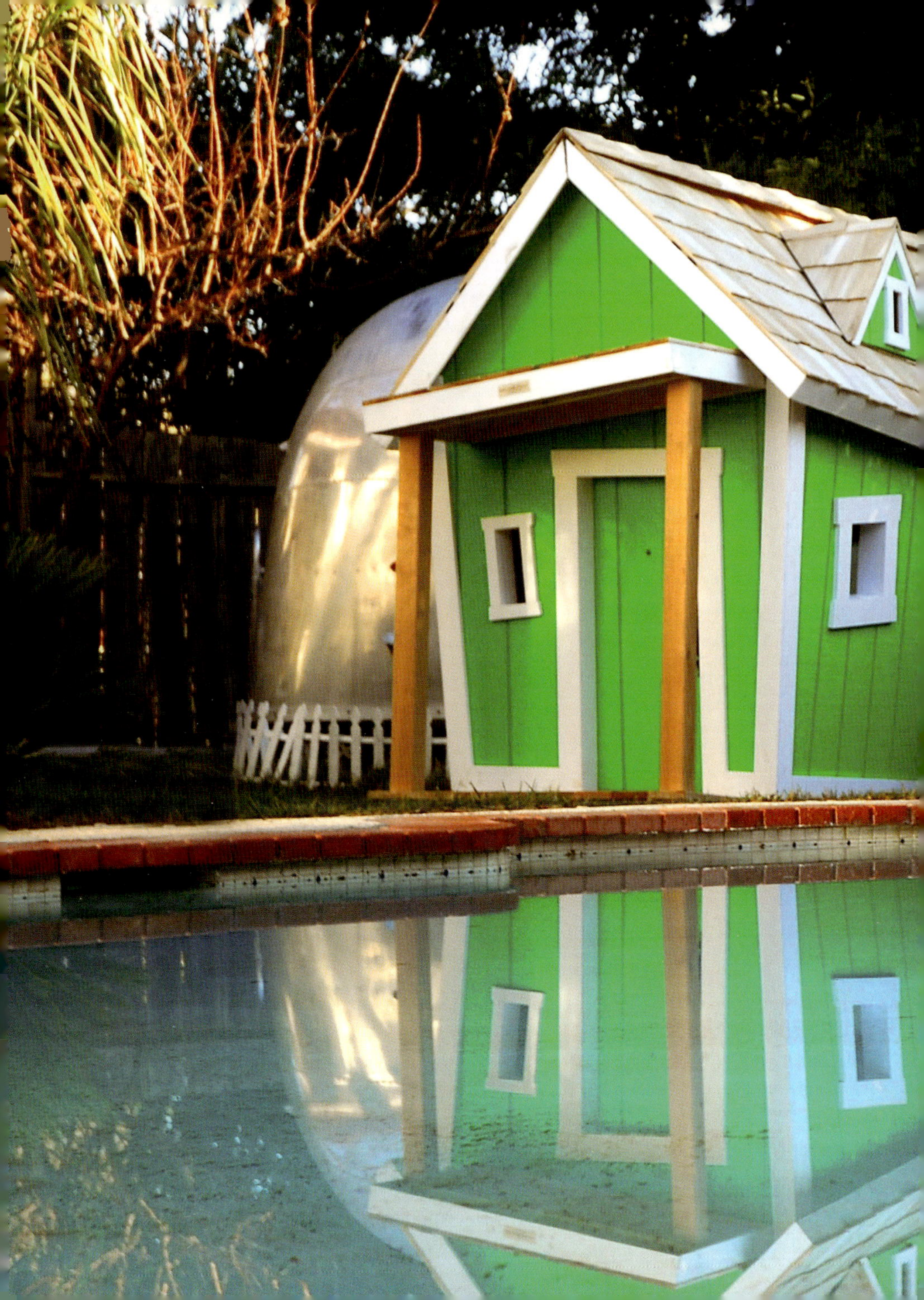

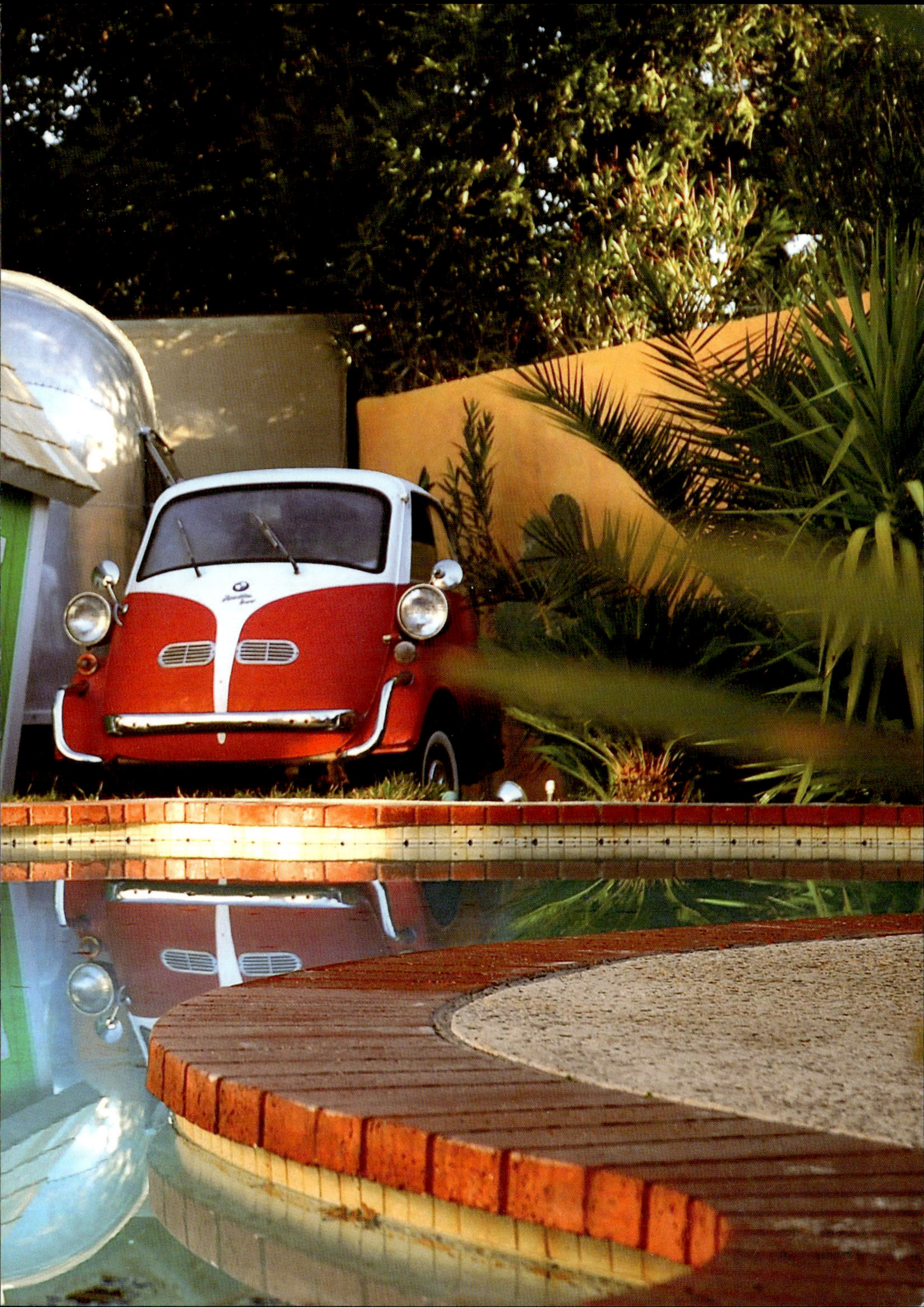

Bean Bags

Designer: Cocoon Couture
www.cocooncouture.com

Cocoon Couture offer a delightful range of boutique children's bean bag covers specially designed with everyday use in mind. Each bean bag cover features our sweet, fun critters in vintage inspired fabric applique on pinwale cord colours that blend in with any décor.

Cocoon Couture ofrece una deliciosa variedad de puff para niños, especialmente diseñado y pensados para los mas pequeños. Cada puff muestra los diseños más dulces y divertidos, con colores muy vivos y estampados de divertidos animales, combinan bien en cualquier ambiente.

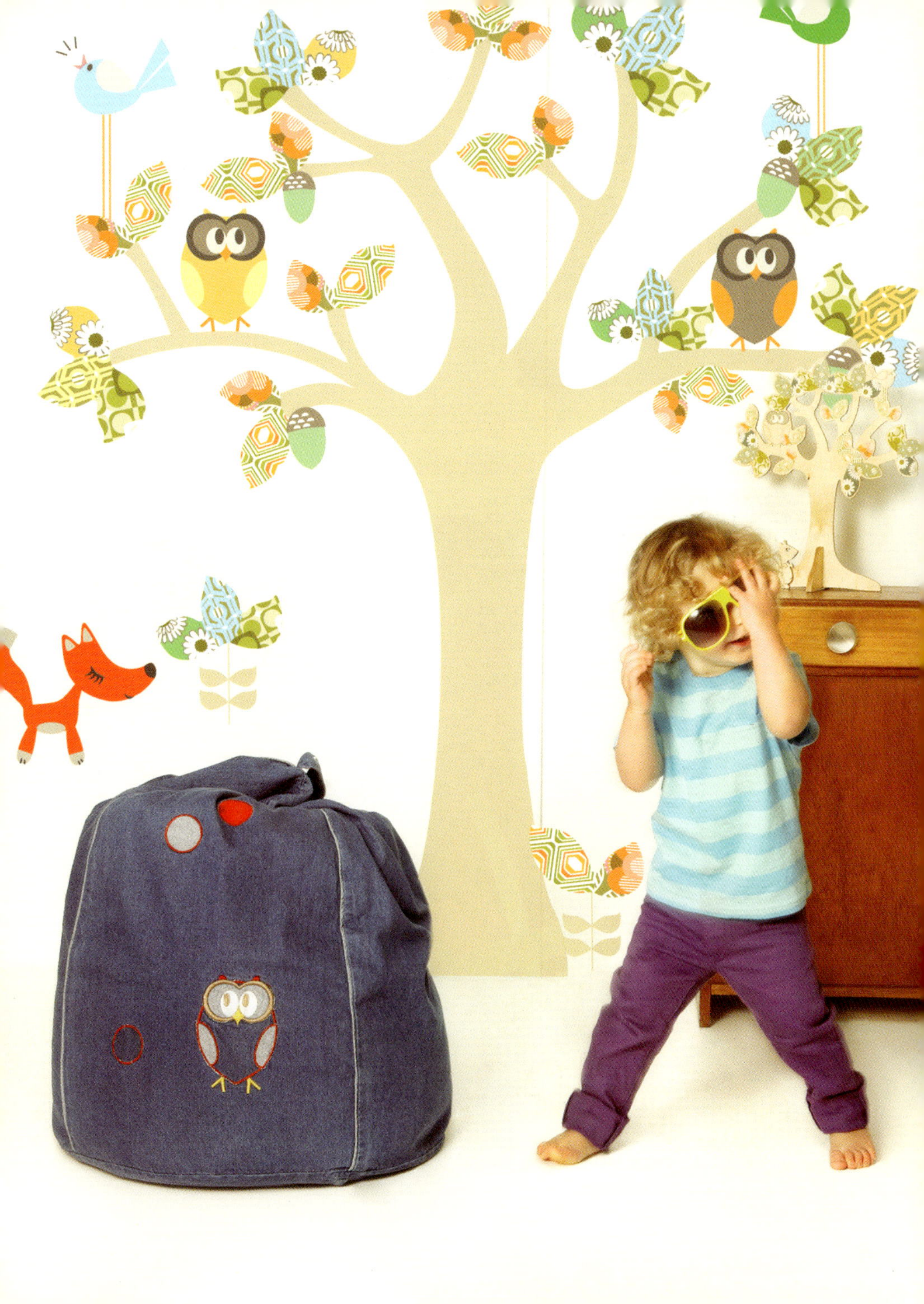

Magis Wagon

Designer: Michael Young
Made: Magis
www.magisdesign.com

Fun table with wheels designed by Michael Young for Magis. Ideal for storing toys, books, shoes... and place it under the bed.

Divertidas mesita con ruedas diseñada por Michael Young para Magis. Ideales para guardar juguetes, libros, zapatos… y situarla bajo la cama.

Elephant Stool

Designer: Sori Yanagi
Made: Vitra
www.vitra.com

The Elephant Stool is one of the most famous post-war Japanese designs and is still as convincing as ever with its clear formal idiom and great functionality. Suitable for indoors, balconies and gardens, the stacking stool can even be used as an easy-to-transport picnic stool.

El taburete Elephant es uno de los más famosos diseños japoneses, gracias a su forma y gran funcionalidad. Perfecto para interiores, pero también para balcones o jardines.

Co Zen

Designer: Ferm Living
www.ferm-living.com

Co Zen Maple Lacquer Cutlery Set is for the stage when children outgrow mother care but still need some cajoling during meals. This sophisticated set combines the traditional sensibilities with modern expectations. Kids can feel comfortable its subtle texture when they use these cutleries.

Co Zen cuberteria de arce lacada, es para la etapa en que los niños superan el cuidado de la madre, pero todavía necesitan un poco de ayuda durante las comidas. Este sofisticado sistema combina las sensibilidades tradicionales japonesas con las expectativas actuales. Los niños pueden sentirse cómodos con la sutil textura cuando utilicen esta cuberteria.

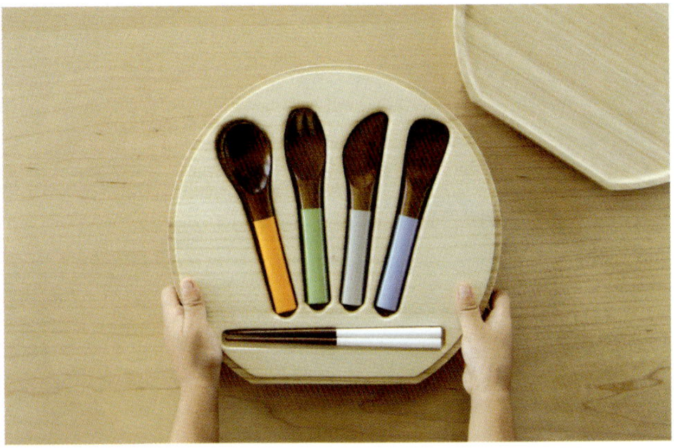

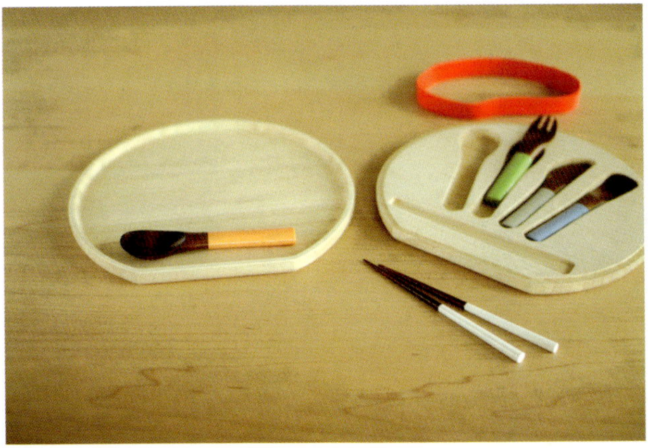

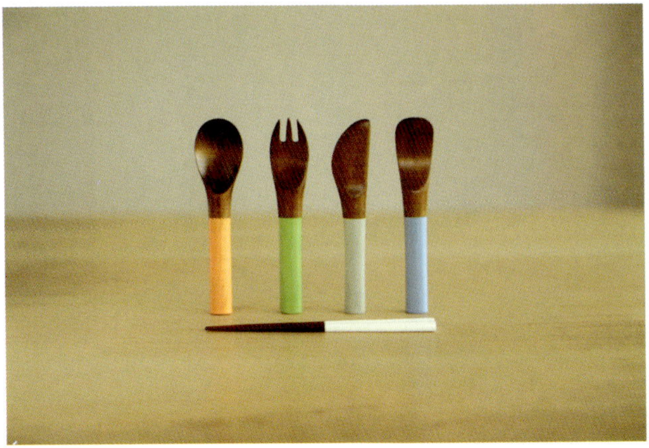

Mini-Me

Designer: Filipo Gordon Frank
Made: Sphaus
www.sphaus.com

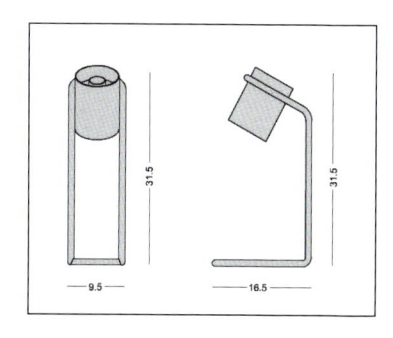

Table light lacquered with matt anti-scratch paint.

Lámpara de mesa lacada con pintura mate resistente a los arañazos y a la suciedad.

Town & Country

Designer: Lilliput Play Homes
www.lilliputplayhomes.com

Sugar and spice and everything nice, that's what this manor is made of! Clad in cotton-candy color siding, this sweet estate will entertain its wee occupants for hours. Outside, a brass plated doorbell and door knocker is perfect for announcing visitors. Inside, a loft leads to an outdoor balcony, while the columned porch below creates a shady spot for reading or resting.

Azúcar y especias de todo lo bueno, es lo que ofrece esta casa a sus ocupantes durante muchas horas de juegos. En el exterior, un timbre de latón cromado y llamador en la puerta es perfecto para anunciar a los visitantes. En el interior, un loft conduce a un balcón al aire libre, mientras que en el pórtico de columnas siguiente se crea un lugar tranquilo para leer o descansar.

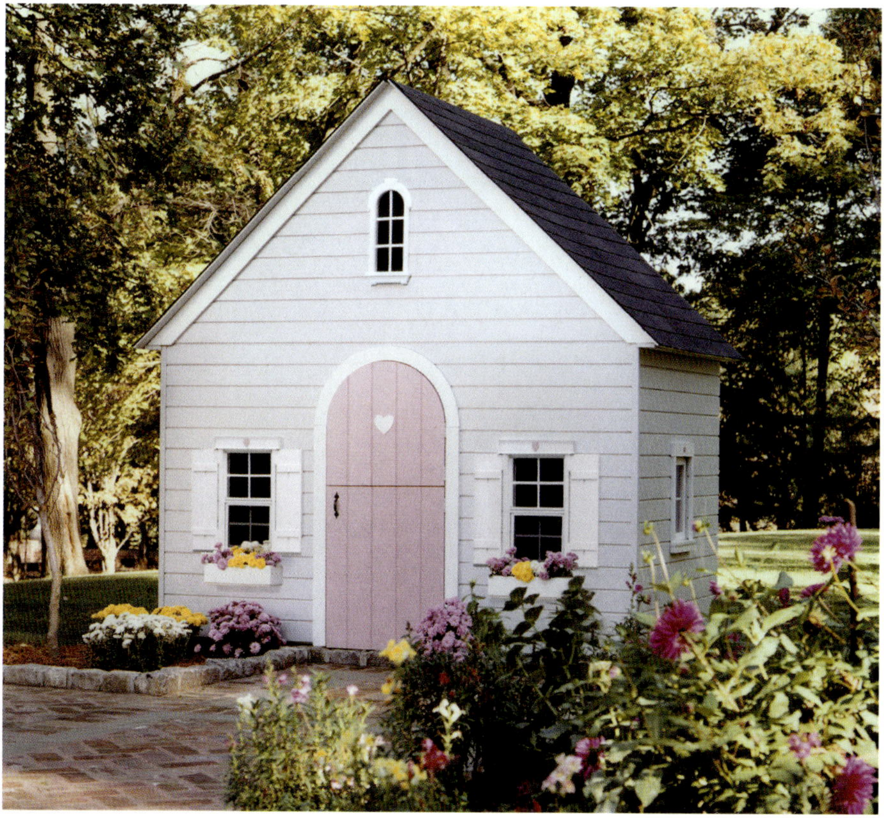

Self

Designer: Ronan & Erwan Bouroullec
Made: Vitra
www.vitra.com

SELF is a modular shelved display cabinet which invites its user to interact with it. There are only two elements to Self. Its horizontal shelves and vertical dividing walls come in a variety of sizes and colours and can easily be built in flexible configurations and without tools. Self can be closed, open or accessed from both sides and can function as a bookshelf, display cabinet or room divider.
Material: Bases made of blown polypropylene, dividing walls of polycarbonate, pull rods of galvanized steel.

SELF es una vitrina de estantes modulares que anima al usuario a establecer una interacción. Se compone de sólo dos módulos: las baldas horizontales y las paredes de separación verticales se pueden combinar fácilmente en incontables tamaños y variantes de color sin necesidad de utilizar herramienta alguna. Así, se crean Selfs cerrados, abiertos o accesibles por ambos lados, que se pueden utilizar como estantería para libros, vitrina o separador de ambientes.

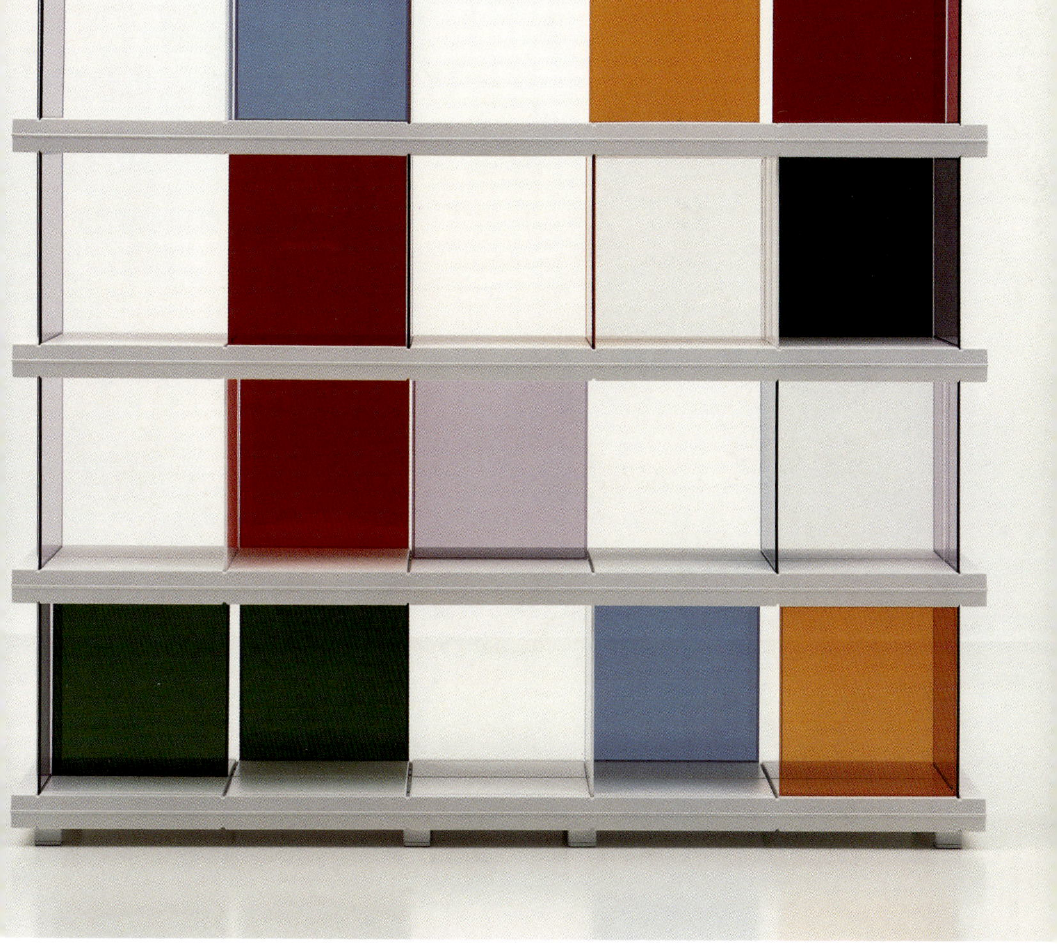

Pack of Dogs

Designer: Nel for of
"Things Collection"
www.outofstockdesign.com

PACK OF DOGS, emerged from play... I began by visiting carpentry workshops with observing the processes, with the children's wooden toys, from beginning to play with blocks of wood to soon finding shapes... Dogs have become objects / individuals which live with the user and which soon become the pet which brings the daily paper, or provides a seat or stops the cup of coffee, takes care of the books...

PACK OF DOGS, surge del juego... Empezó con visitas a talleres de carpinteria, con la observación de los procesos, con los juegos de maderas para niños, de empezar a jugar con bloques de madera y de pronto encontrar formas... Los perros se convierten en objetos / personajes que conviven con el usuario y que de pronto son una mascota que trae el periodico, o que sirve de banca o que detiene la taza de cafe, que cuida los libros...

143

TAPE
AN EXCURSION THROUGH THE WORLD OF ADHESIVE TAPES
375 MODELOS DE MUEBLES ACTUALES
Ronan and Erwan Bouroullec
Apartamentos PEQUEÑOS
Appartamenti PICCOLI | Apartamentos PEQUEÑOS
Apartamentos PEQUEÑOS | Appartamenti PICCOLI | Apartamentos PEQUEÑOS
SIGNS & SYMBOLS
Stickers.
From the first international sticker awards.
Lullaby Supermarket

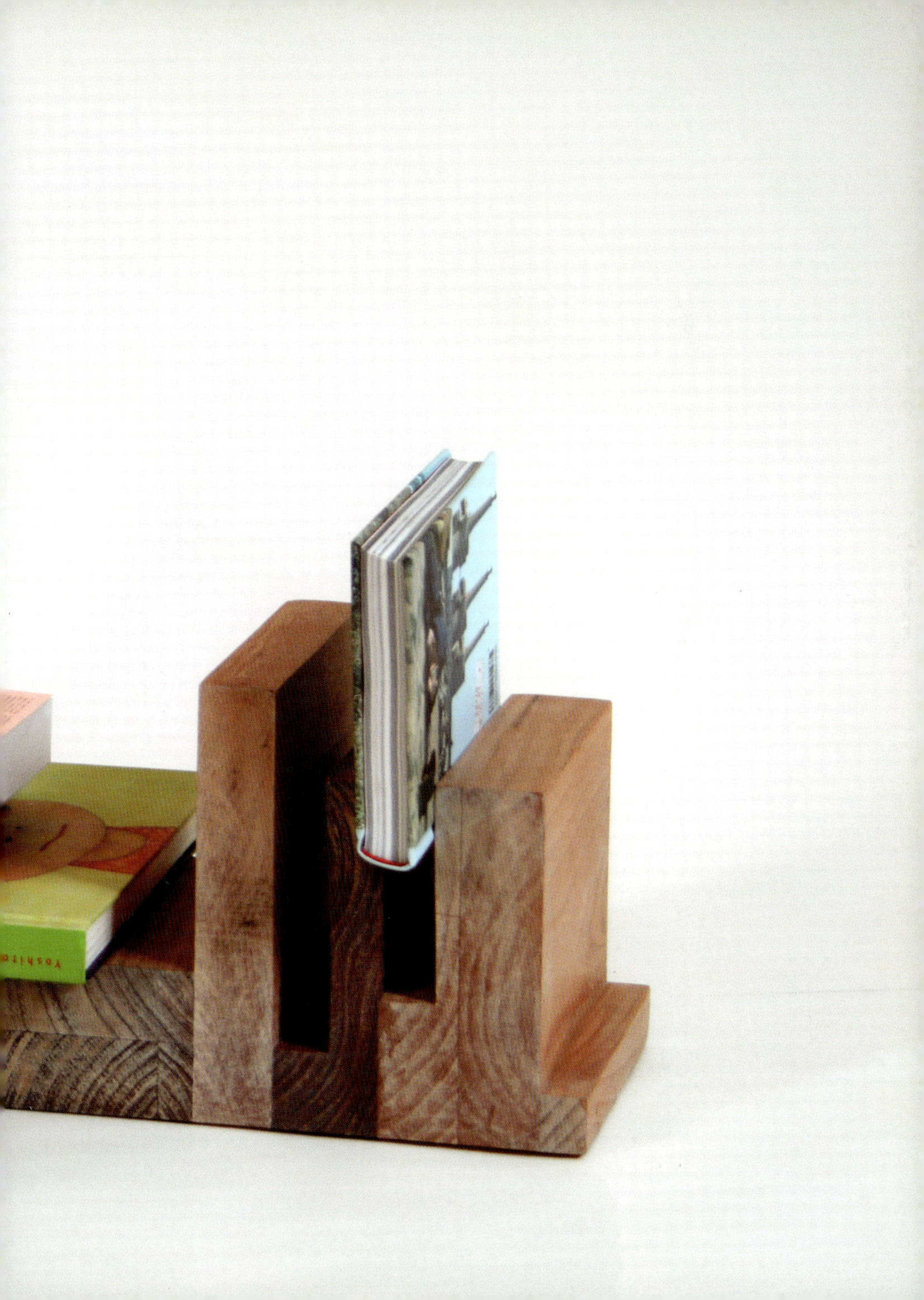

Lunuganga

Designer: Cross/Mathias
Made: Wok
www.wokmedia.com

The piece is a response to the flooded, jungley environment in which the designers were suddenly thrown into when they went to work in Sri Lanka. They wanted to take something of the feeling of the flooded environment home, a seed of the jungle to plant in your house which might invade it and take over. They took the image of partially submerged trees and translated it into shelves that have both the qualities of the overgrown lake that surrounded them and the quietness of European furniture.

La inspiración de esta pieza es la jungla inundada de Sri Lanka, lugar en el que estuvieron los diseñadores durante una temporada de trabajo. Querían trasladar ese ambiente de selva inundada a un espacio doméstico, como una especie de semilla. Tomaron la imagen de los árboles parcialmente sumergidos y lo tradujeron en estanterías, rompiendo con la sobriedad del diseño de mobiliario europeo.

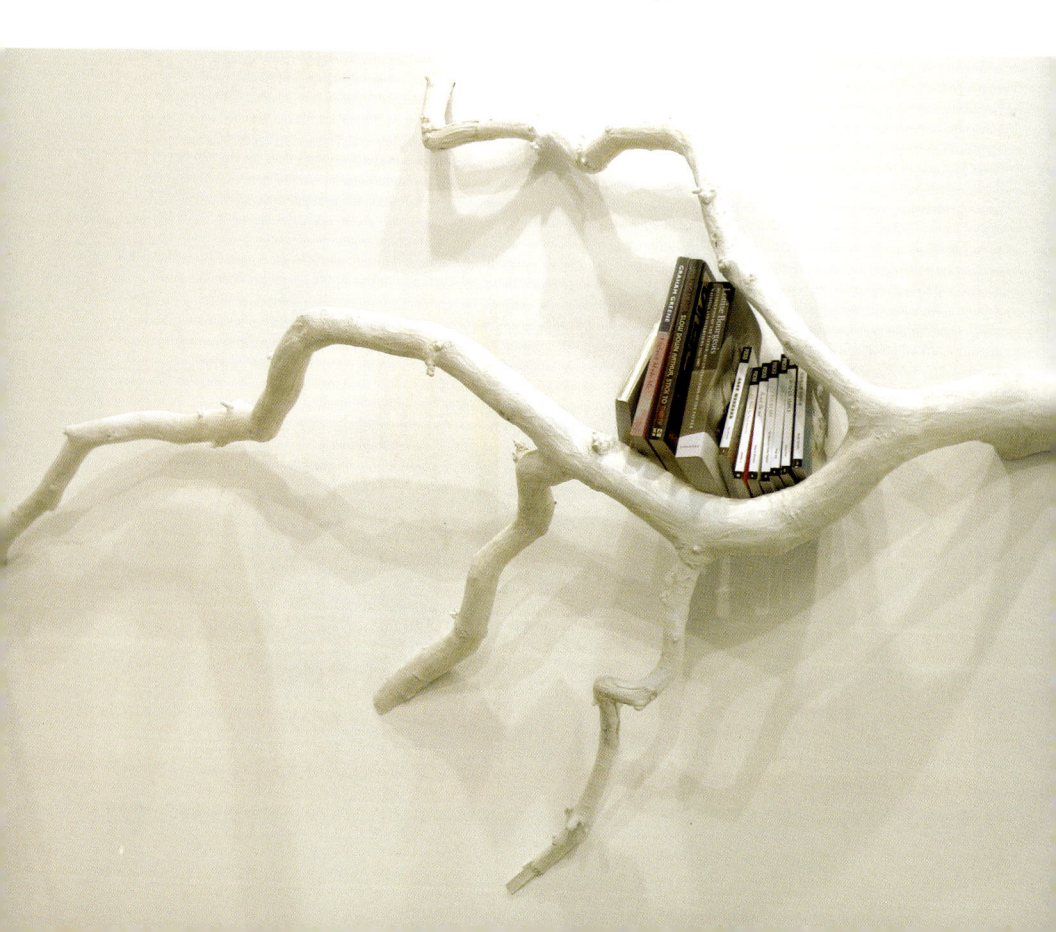

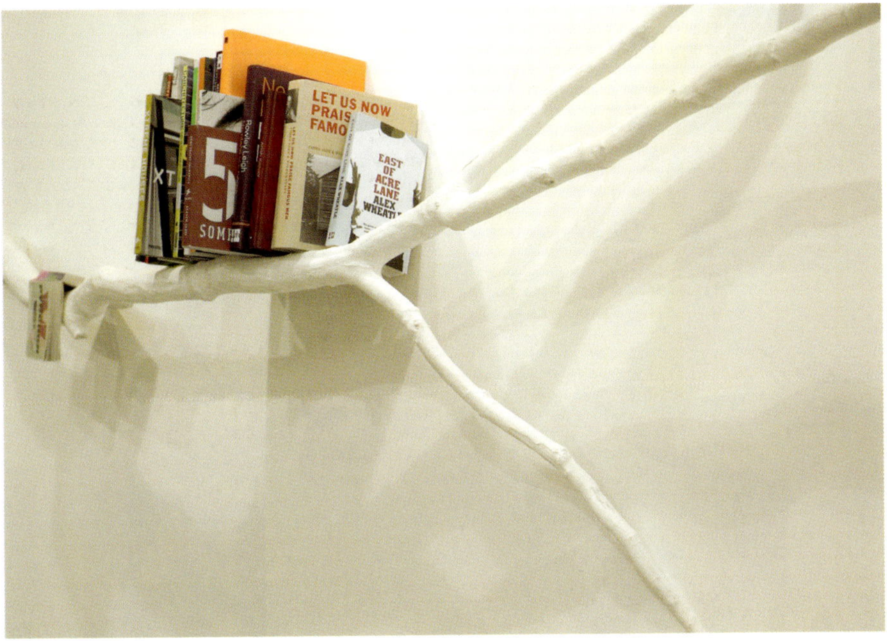
LET US NOW
EAST OF ACRE LANE
Rowley Leigh
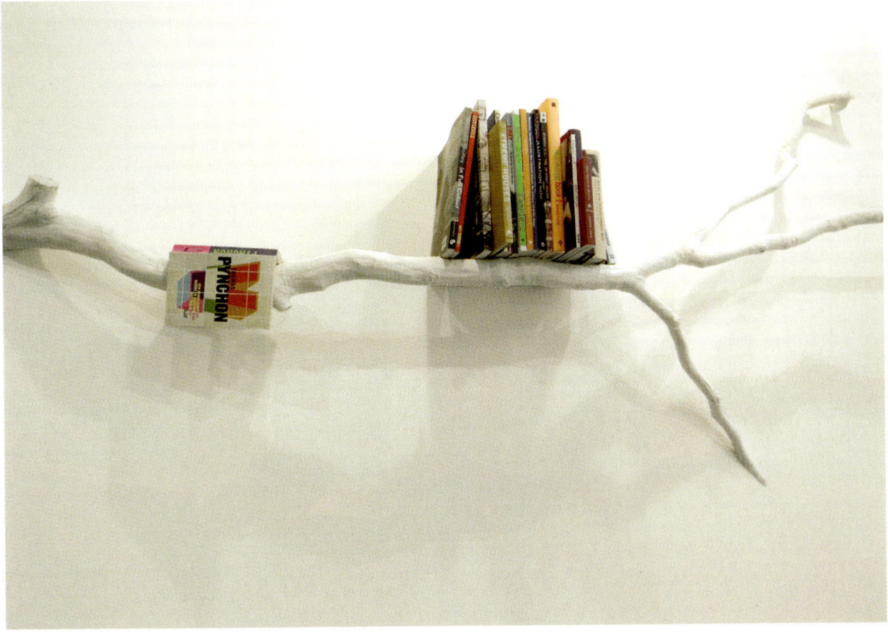
PYNCHON

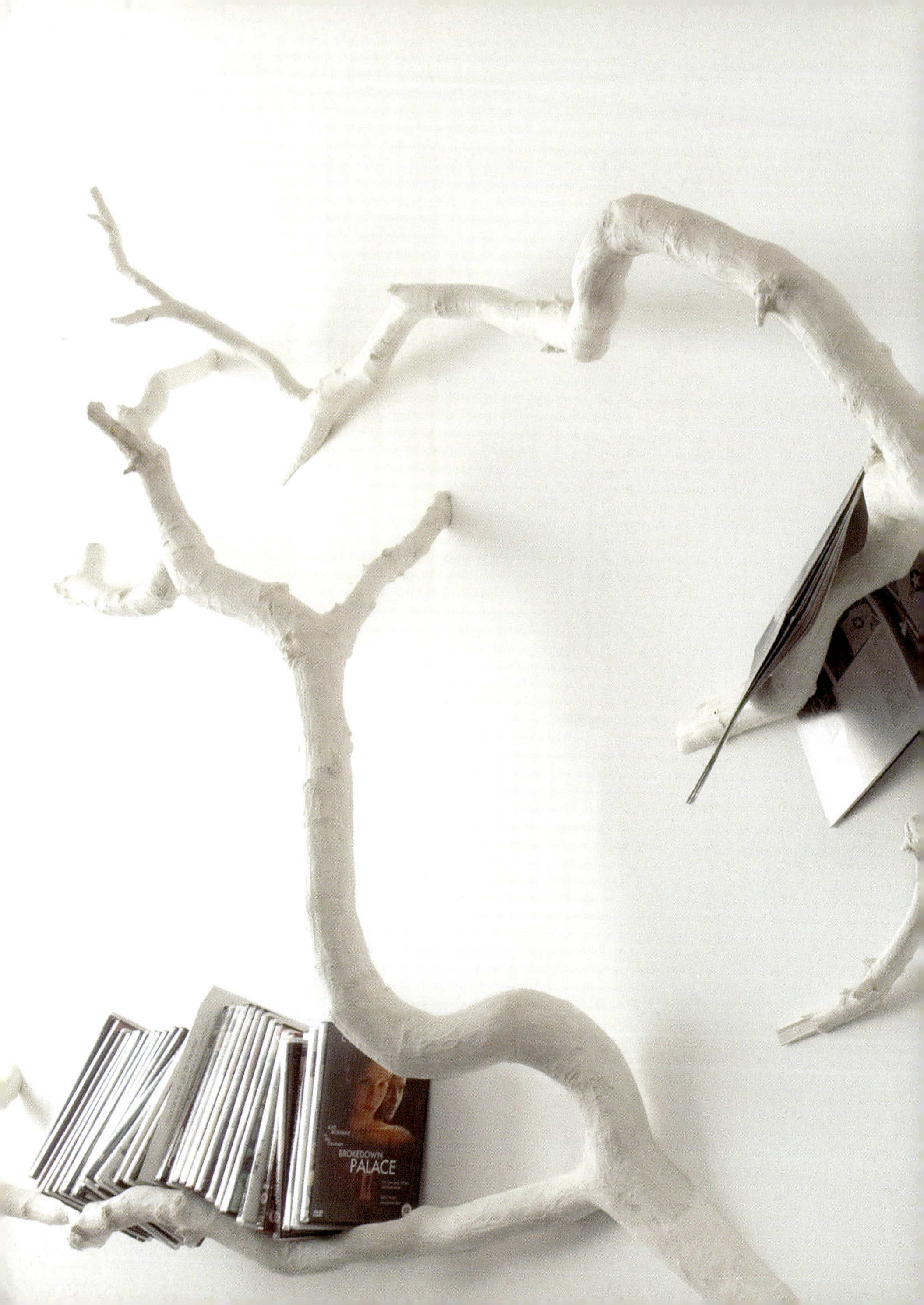
BROKEDOWN
PALACE

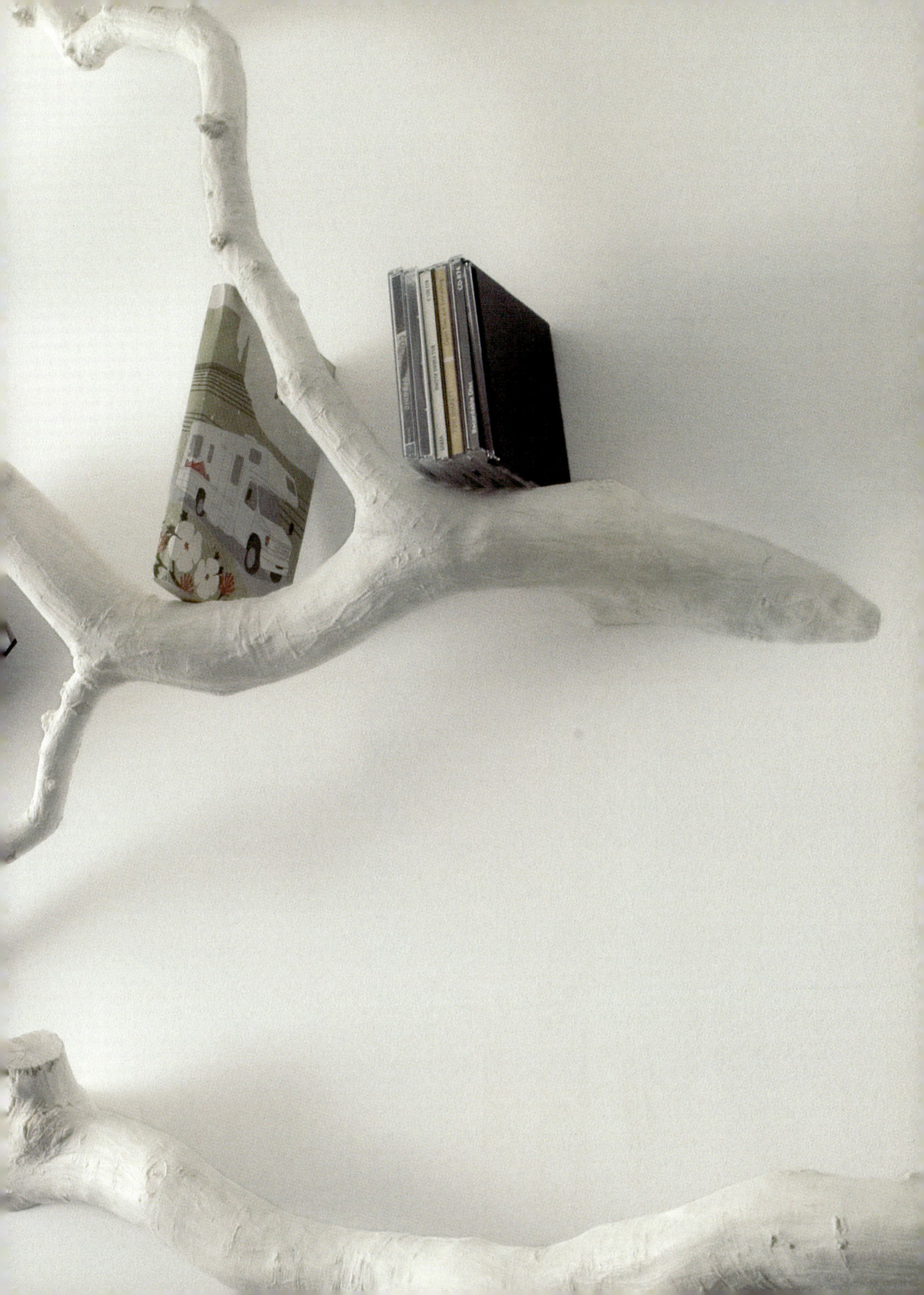

Textiles

Designer: Ferm Living
www.ferm-living.com

The Kids Textiles are the perfect accessory to a kids room full of fun, laughter, great pillow fights or just good old plain fun. The range of KIDS Textiles consists of everything from Bean Bags to Owl shaped cushions and bedding.

Los KIDS Textiles para niños son el accesorio perfecto para un cuarto lleno de diversión, risas, peleas de almohadas y mucha alegría. La gama de KIDS Textiles consta de todo, desde bolsas de frijoles a los cojines con forma de búho y ropa de cama.

151

Esu

Designer: Charles & Ray Eames
Made: Vitra
www.vitra.com

Charles and Ray Eames developed a new system of free-standing multifunctional shelves which - similar to the Eames House that dates from the same time - were constructed strictly in keeping with the principles of industrial mass production: the Eames Storage Units (ESU).

Charles & Ray Eames desarrollaron un novedoso sistema de estanterías multifuncionales, las Eames Storage Units (ESU), construidas siguiendo los principios de la producción industrial en serie - al igual que la Eames House, construida al mismo tiempo.

Nesting Tables

Designer: Josef Albers
Made: Vitra
www.vitra.com

Josef Albers was mainly involved in furniture design during his time at the Bauhaus in Weimar, where, for a short time, he was also artistic director of the furniture workshop. Vitra Design Museum has re-issued his Nesting Tables- originally created for the so-called Moellenhof House in Berlin (1926-27)- they combine clear geometrical shapes with use of colour derived from Albers' painterly oeuvre. On the under side, the glass table tops are lacquered turquoise, yellow, red, or blue. Collection Vitra Design Museum.

Josef Albers se dedicó al diseño de mobiliario principalmente durante su estancia en la Bauhaus de Weimar, donde también fue director artístico del taller de muebles durante un breve período. Las mesas auxiliares reeditadas por el Vitra Design Museum -diseñadas originariamente para la casa de los Moellenhof en Berlín (1926-27)- combinan formas geométricas claras con el empleo magistral del color, derivado de la obra pictórica de Albers. La cara inferior de los tableros de cristal está barnizada en turquesa, amarillo, rojo o azul. Colección Vitra Design Museum.

Forest Stool

Designer: Wendy Chua
www.outofstockdesign.com

To create this stool we were inspired by the toys we used to build with twigs and branches when we were kids: bows and arrows, guns and rifles, or even cabins. With this design we want to bring home a bit of nature.

Para crear este taburete nos inspiramos en los juguetes que solíamos construir con ramillas y ramas cuando éramos niños: arcos y flechas, pistolas y rifles, o incluso cabañas. Con este diseño queremos acercar a casa un poquito de naturaleza.

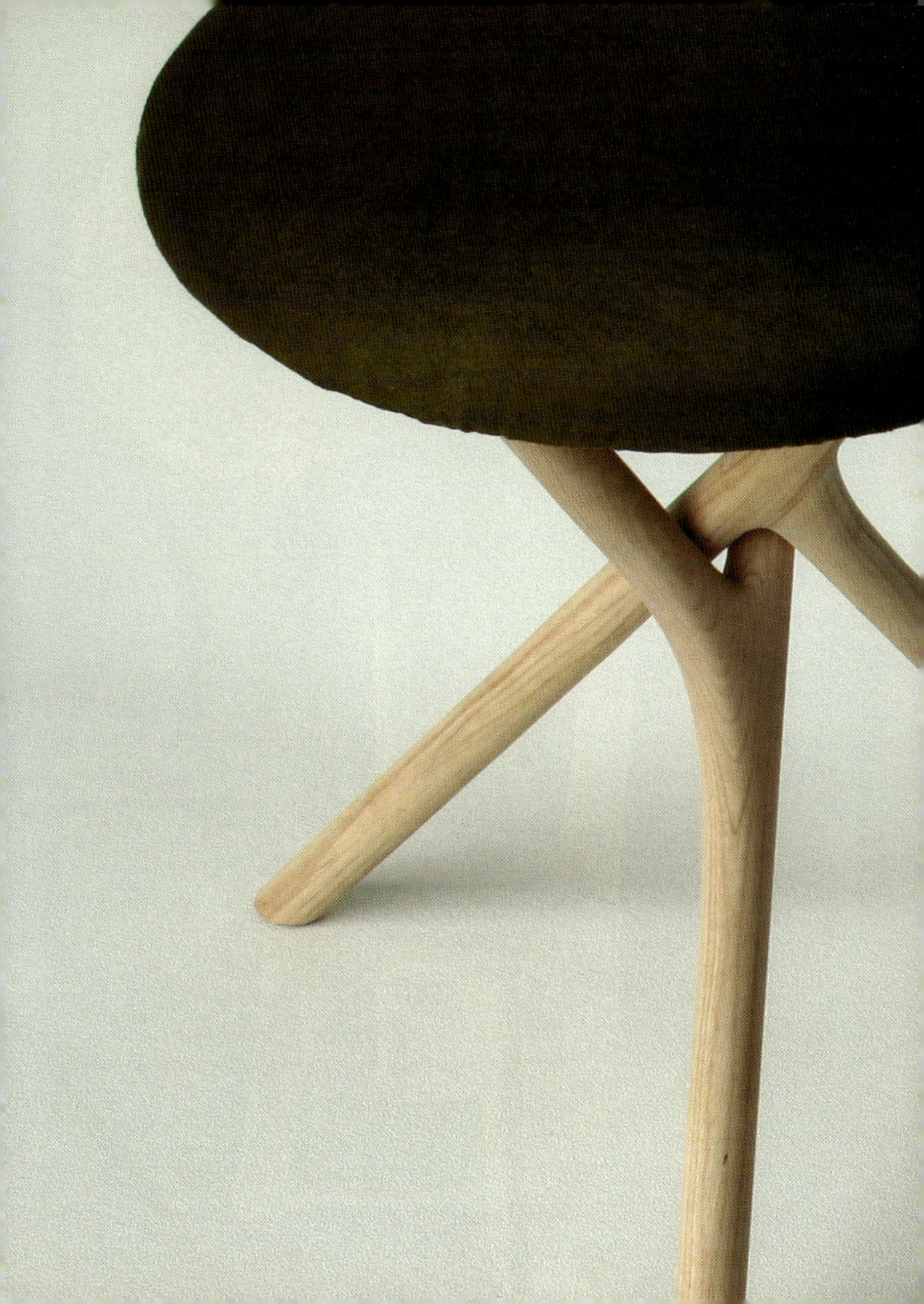

Kaar

Designer: Setsu e Shinobu Ito
Made: Sphaus
www.sphaus.com

KAAR is a contemporary version of the classic étagère. Composed by curved plywood modules finished with matt anti scratch lacquer. They're assebled together trough a free rotatory joint: this allows the maximum flexibility of use and aesthetic.

KAAR es una versión contemporanea del clásico étagère. Formado por módulos de contrachapado curvados con un acabado mate antirasguños. Están unidos gracias a una rótula giratoria libre, lo que permite una flexibilidad absoluta de su uso y de la estética.

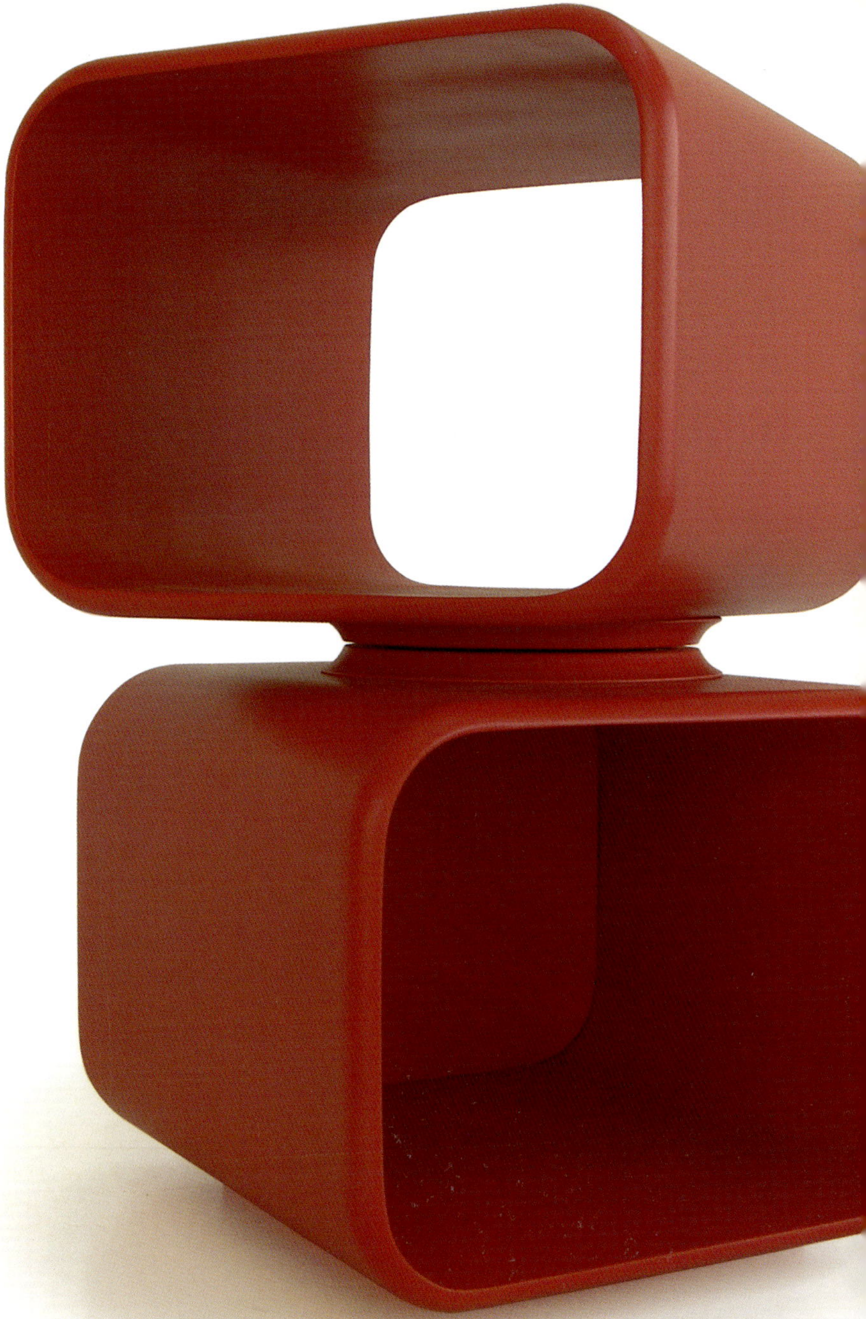

Sun

Designer: Tonylight
Made: Sphaus
www.sphaus.com

Ceiling or wall light. The base is matt white powder-coated steel. Bulbs are protected by an opalescent methylacrylate cover that gives the light a golden hue and creates a curious star-like effect.

Lámpara de pared o techo. La base es de acero mate pintado en color blanco. Las bombillas quedan protegidas por un plafón de metacrilato opalescente que le da a la luz un toque dorado, creando una curiosa sensación de luz de estrellas.

Hang it All

Designer: Charles & Ray Eames
Made: Vitra
www.vitra.com

Used instead of simple hooks, these brightly-coloured wooden spheres were aimed at encouraging children to hang up "all their things". Because the distance between the spheres always remains the same, Hang it can be extended as required and is a cheerful alternative to boring clothes-hooks, not only for children's rooms. Collection Vitra Design Museum.

En lugar de sencillos ganchos, las bolas de madera de colores vivos pretenden animar a los niños, literalmente, a colgar "todas sus cosas" en este perchero. Dado que la distancia entre las bolas es siempre idéntica, Hang it all se puede ampliar a su gusto y constituye una alternativa divertida a los aburridos percheros, no sólo para la habitación infantil. Colección Vitra Design Museum.

Rocket

Designer: Kidsonroof
www.kidsonroof.com

The first training module for all future astronauts. You can color, paint and decorate personalizing it to your liking. Where the smallest find her independence and space.

El primer cohete para todos los futuros astronautas. Se puede colorear, pintar y decorar personalizando a tu gusto. Donde los mas pequeños encontrarán su independencia y su espacio.

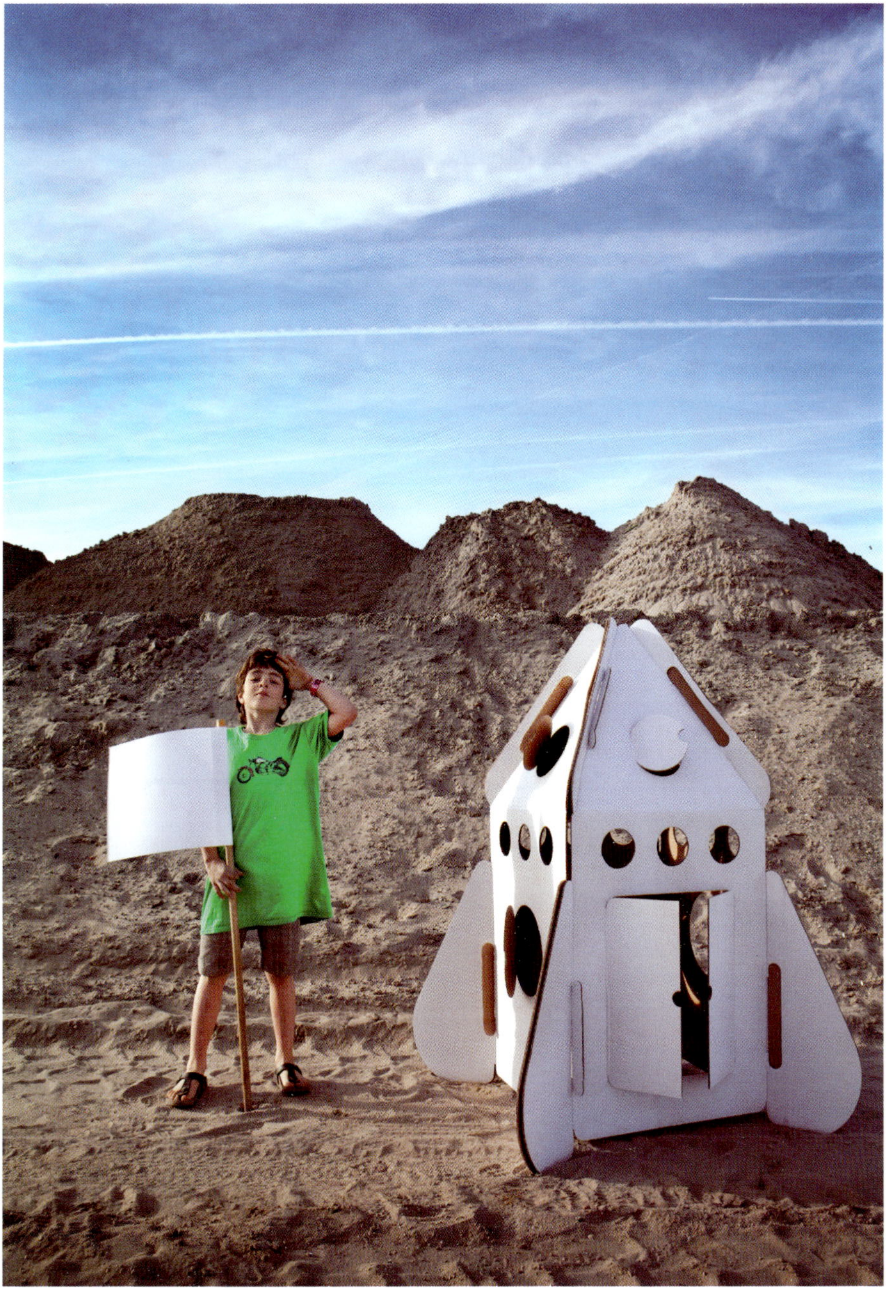

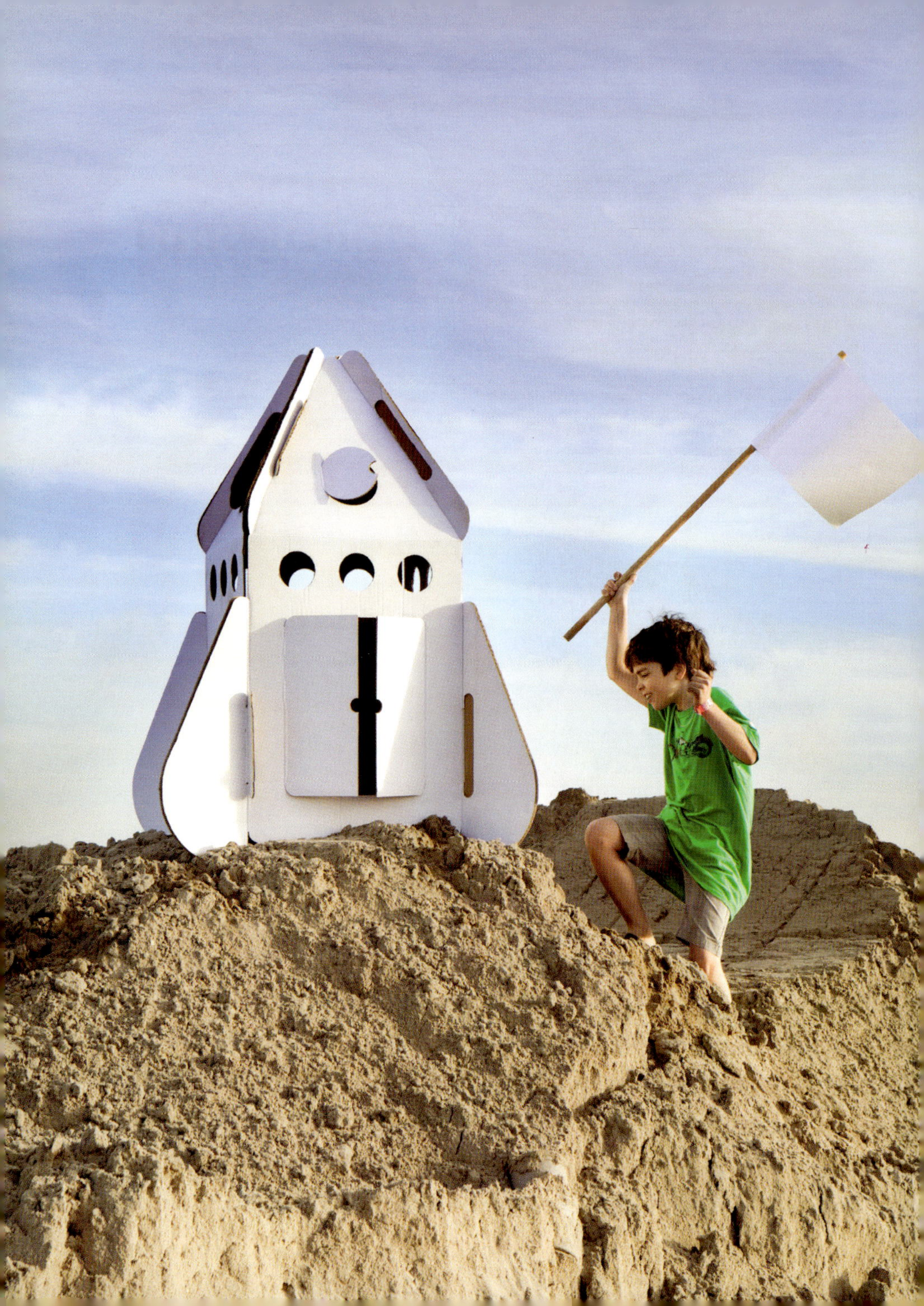

Rocking Horse

Designer: Play Sam
www.playsam.com

A classic elegant design. Seat height 35cm. It can be used for several generations.

Un diseño elegante y clásico. Debido a la altura del asiento 35cm., se puede usar durante varias generaciones.

The New Domestic Landscapes

Designer: Domestic
www.domestic.fr

One strip is a collection of wallpaper strips drawn by graphic artists and designers. Conceived to be used and installed vertically or horizontally, they are all deployed in the width of a single strip of 50cm.
Midway between illustration and trompe l'oeil, some models look for a space in this very vertical format to deploy ornamental or narrative, while others take the reverse track of opening new paths, looking for new uses to renew wallpaper.

One strip es una colección de tiras de papel tapiz dibujado por artistas gráficos y diseñadores. Concebido para ser utilizado e instalado vertical u horizontalmente, todos están desplegados en el ancho de una sola tira de 50 cm.
A medio camino entre la ilustración y el óleo, algunos clientes buscan el renovar un espacio, complementando sus paredes de forma divertida, moderna, actual y colorida.

Design by Geneviève Gauckler.

Design by Mark Verhaagen.

The New Domestic Landscapes

Designer: Domestic
www.domestic.fr

Design by Tado.

Design by Tado.

Lightcube

Designer: Konkret Form
www.konkretform.se

The lightcubes are designed to be as simple as it gets, the main design philosophy of all Konkret Form products. You can put them on the floor on a shelf/table or hang them from the roof, easy to use.

Diseño sencillo es la filosofía de la firma Konkret Form para todos sus productos. Podemos colocar estos cubos de luz en el suelo o en una mesita o colgarlos en el techo ya que son muy fáciles de usar.

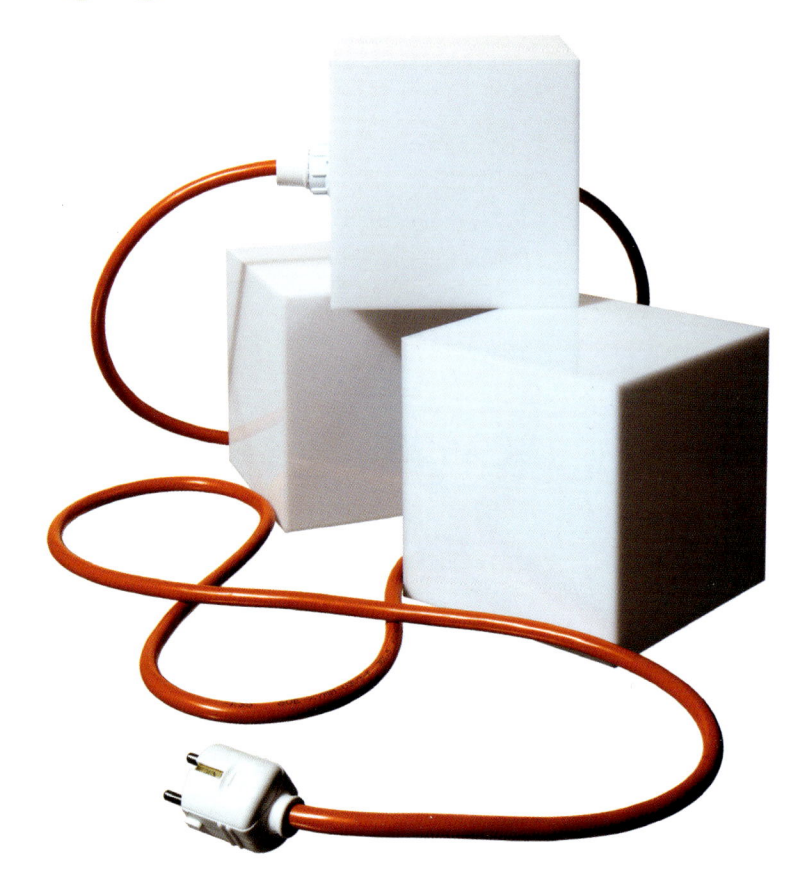

169

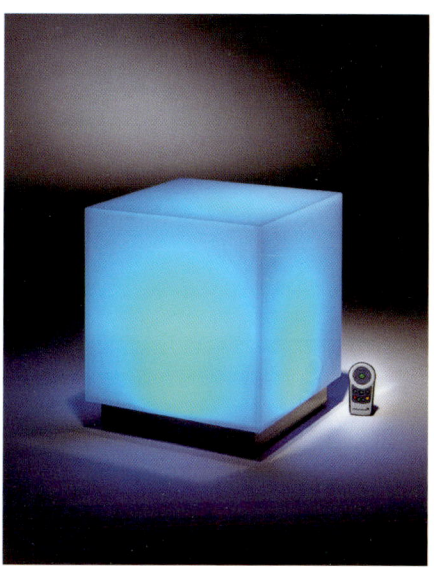

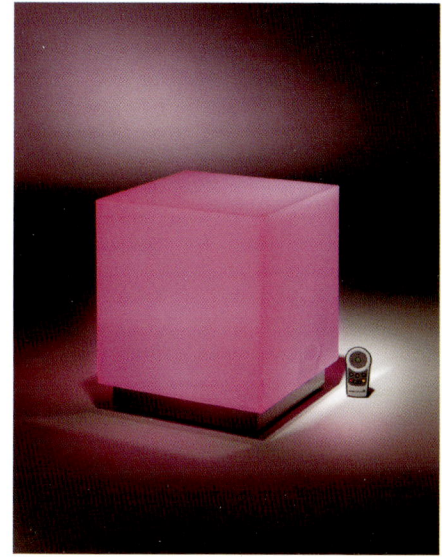

PopUp

Designer: Feld
www.feld.com

POPUP is a light and versatile seat, 2 positions, pouf or lounger. Fasten your seat belts, you have a lounger. Popup is ideal for relaxing in the kids room, TV-room, study room, or other cosy places.
The seat is delivered as pouf in a box.

POPUP es un asiento ligero y versátil, dos posiciones, pouf o sillón. Es ideal para el cuarto de los niños, en el estuido o cualquier rincón de la casa destinado al relax o el ocio.

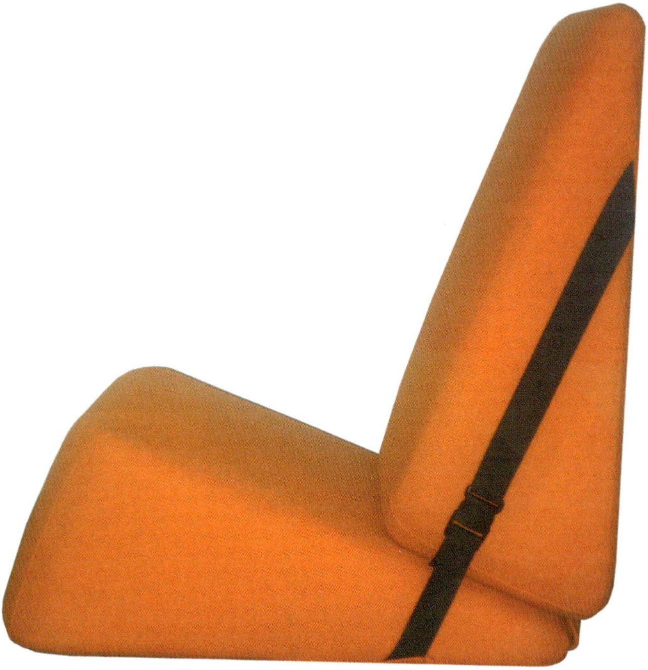

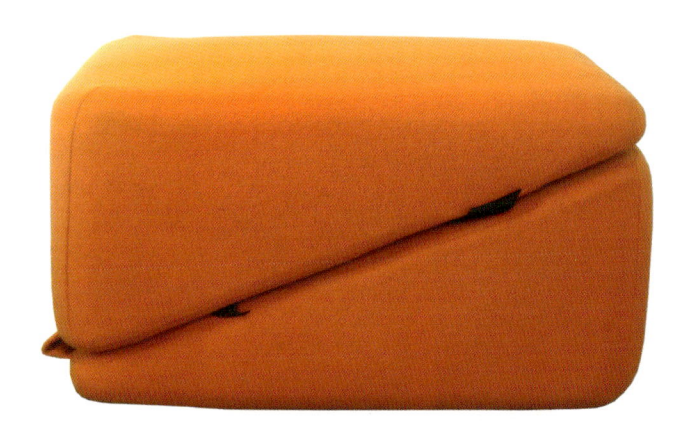

Dream Bag

Designer: Ulrika E. Engberg & Kasper Medin
www.littleredstuga.es

At a time when most children,s products are copies of each other we have taken children,s play seriously and created a poetic object that triggers the imagination and creativity of a child. We want to allure the adult down to the child's vision of fantasy so a conversation and condition can begin on the child's level. We don,t mind if the conversation is all about dreams or if it continues into an exciting story which takes off with a big flower.

En un momento en que la mayoría de productos infantiles son todos iguales, nos hemos tomado en serio el juego de los niños y hemos creado un objeto poético que activa la imaginación y la creatividad infantil. Queremos que los adultos tengan la misma visión de la fantasía que los niños para que una conversación pueda empezar al nivel del niño. No nos importa si la conversación trata sobre sueños o si se convierte en una emocionante historia que empieza con una gran flor.

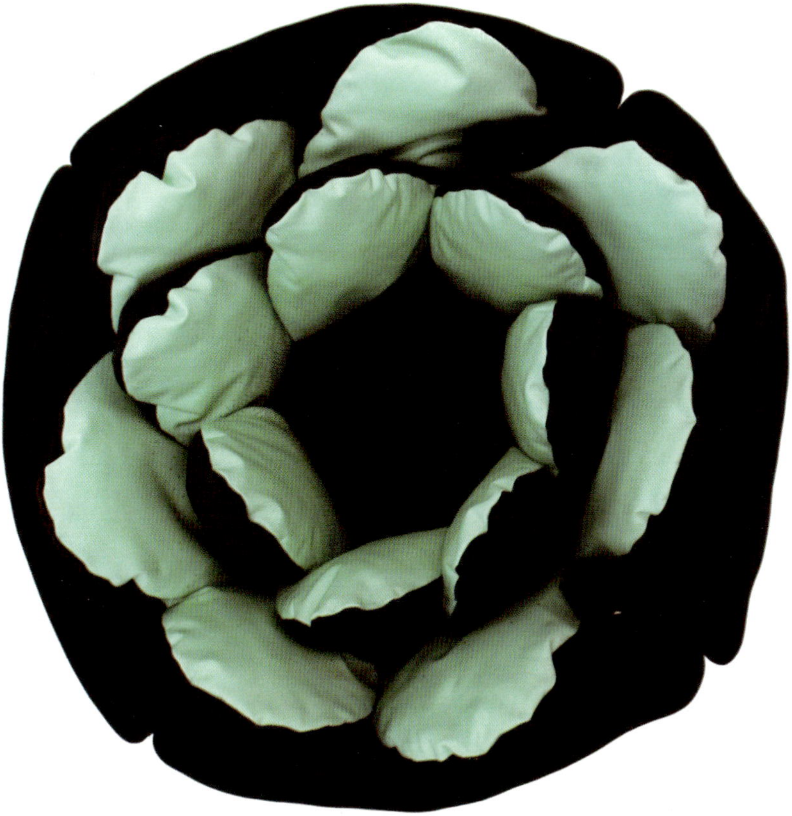

Choose Build Play!

Designer: Quubi
www.quubi.nl

Custom homes ecological.
qb designs unique and exclusive play houses for children, made from natural and high quality materials. The houses are not only special because of the design. You can use online customizing to create any qb you desire. Kids can choose the colours of the walls, doors, windows and every detail, right down to the door knob. There are 24 colours to choose from so they can go with muted neutrals, bright primary colours, soft pastels or a combination of all.

Casas de diseño ecológicas.
Los diseños de las casas de juego qb son únicas y exclusivas para los niños, hechas a partir de materiales naturales y de alta calidad. Las casas no sólo son especiales debido a su diseño, sino que se pueden personalizar online para crear cualquier diseño que usted desee. Los niños pueden elegir los colores de las paredes, puertas, ventanas y cada detalle, hasta el pomo de la puerta. Hay 24 colores a elegir para que puedan quedar a su gusto, cuentan con colores primarios brillantes, tonos pastel o una combinación de todos.

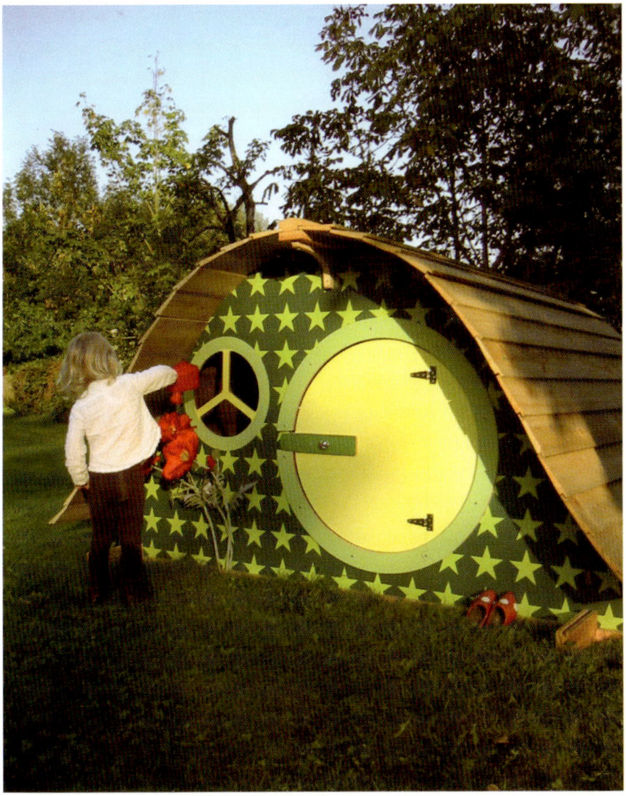

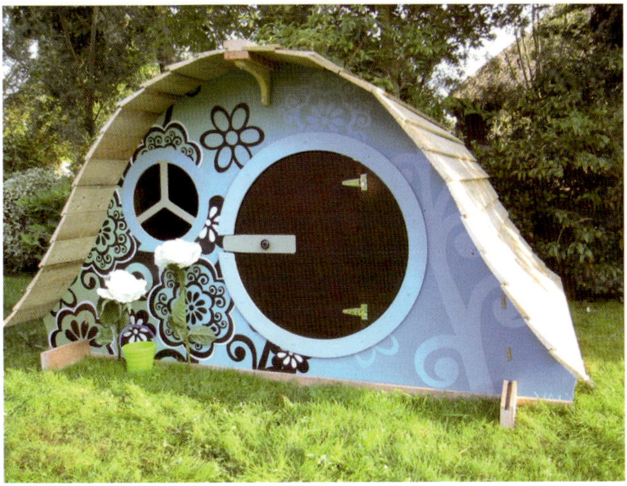

Rocking Rabbit

Designer: Play Sam
www.playsam.com

A playful rendition of the traditional rocking horse, this rocking rabbit is sure to win the race! Its creative design and glossy shine have earned this long-eared critter the Excellent Swedish Design seal of approval!.

Una alegre reedición de los balancines tradicionales, este balancín con forma de un conejo seguramente ganará la carrera. El diseño creativo de este animal de orejas largas ha ganado el premio "Excellent Swedish Design".

Moneypig Coin Bank

Designer: Josh Owen
Made: Bozart
www.joshowen.com

The MoneyPig piggy bank, reminds us when this objects had the shape of a pig. Its spherical shape and swollen allows coins slipping and falling in the womb.

La hucha Moneypig, nos recuerda a las antiguas huchas en forma de cerdito. Su forma esférica e hinchada permite que las monedas se deslicen y caigan en el vientre.

Wall Drawings

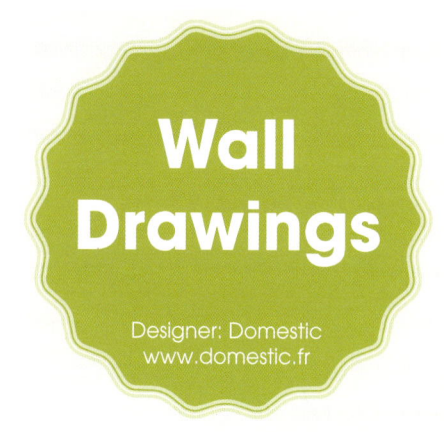

Designer: Domestic
www.domestic.fr

Thanks to Wall Drawings, the «wall space» becomes the place for a game of composition and narration to invest and to invent. Free of the constraints inherent in wallpaper, the Wall Drawings collection, apart from the practical interest it represents (you no longer need a table for pasting nor paste), enables more thought to be given to the place and the role of the decor and decoration in our interiors.

Gracias a Wall Drawings, los dibujos de la pared se convierten en un juego de composición y nos permiten inventar un espacio libre de las limitaciones inherentes de la imagen en la pared. La colección Wall Drawings, además del interés práctico que representa (ya no necesita una tabla para pegar), ofrece un mayor cuidado para las paredes o muebles integrándose en nuestra decoración de interiores.

Design by Geneviève Gauckler.

Design by Mark Verhaagen.

Wall Drawings

Designer: Domestic
www.domestic.fr

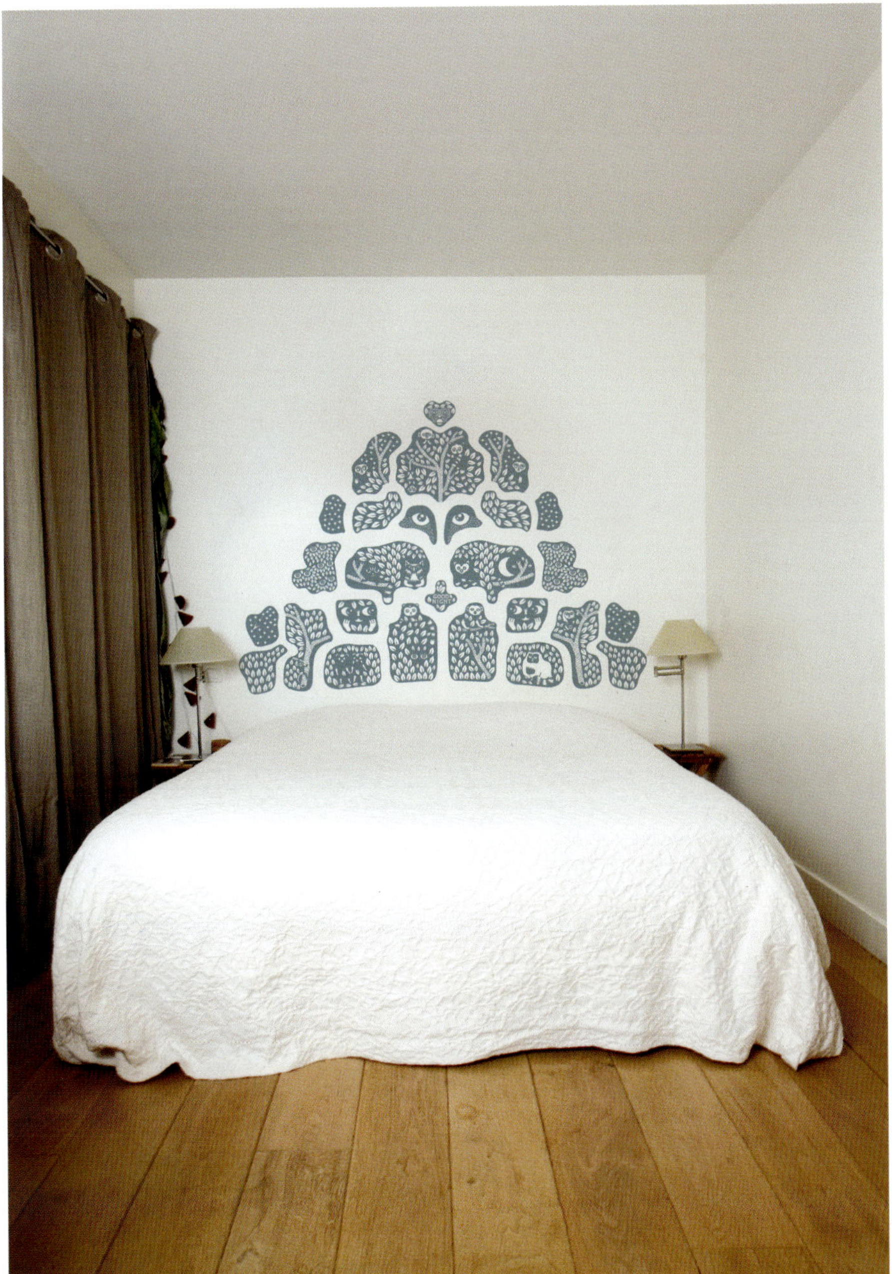

Wall Drawings

Designer: Domestic
www.domestic.fr

182

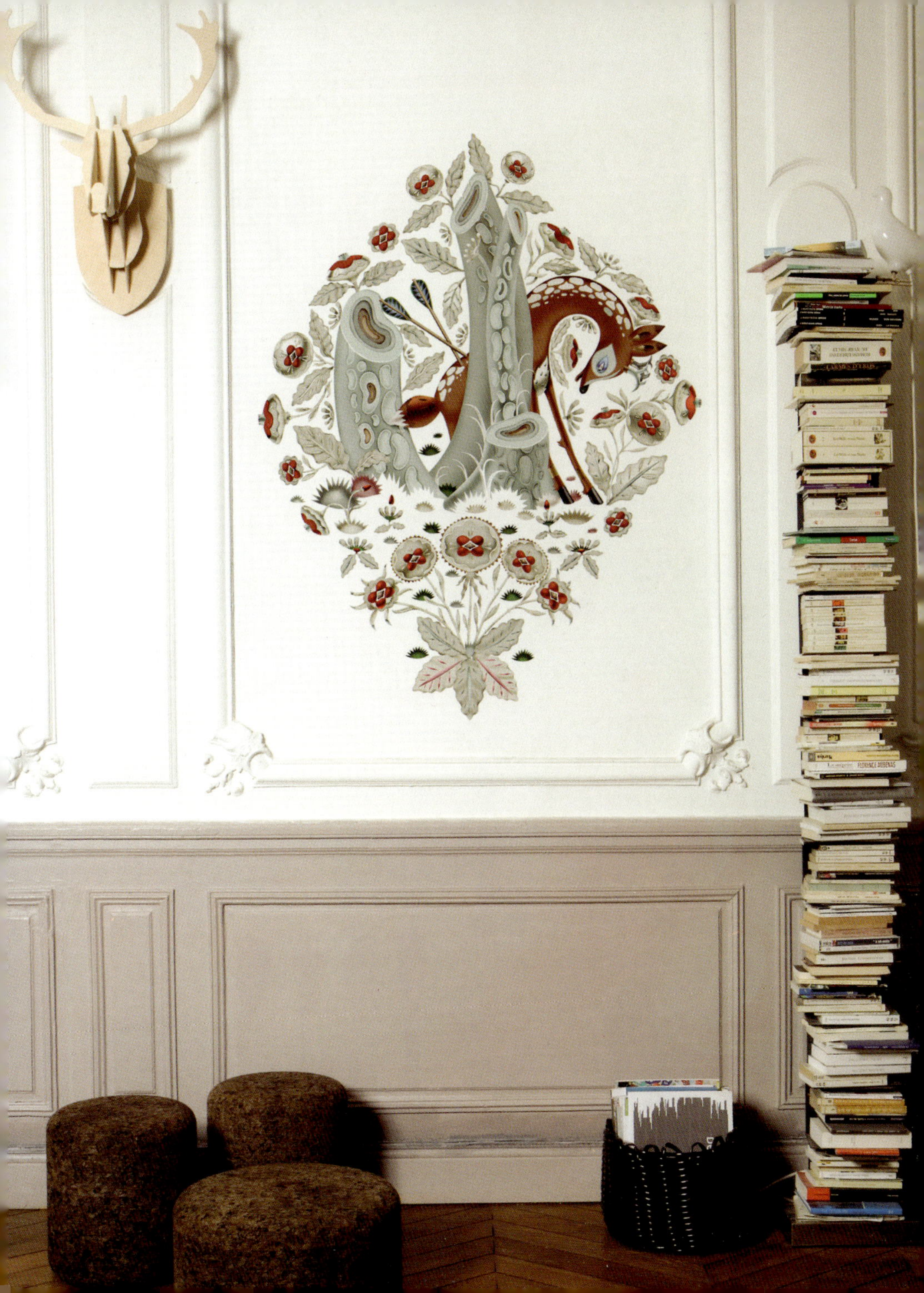

Kyoto Indor

Designer: SmartPlayhouse
www.smartplayhouse.com

The Kyoto indoor playhouse is inspired by Japanese avant-garde architecture. The light that filters in through the many different shaped windows creates a magical, cozy atmosphere inside.

La caseta de interior Kyoto está inspirada en la arquitectura vanguardista japonesa. La luz que se filtra entre sus desiguales y numerosos ventanas crea una atmósfera interior mágica y acogedora.

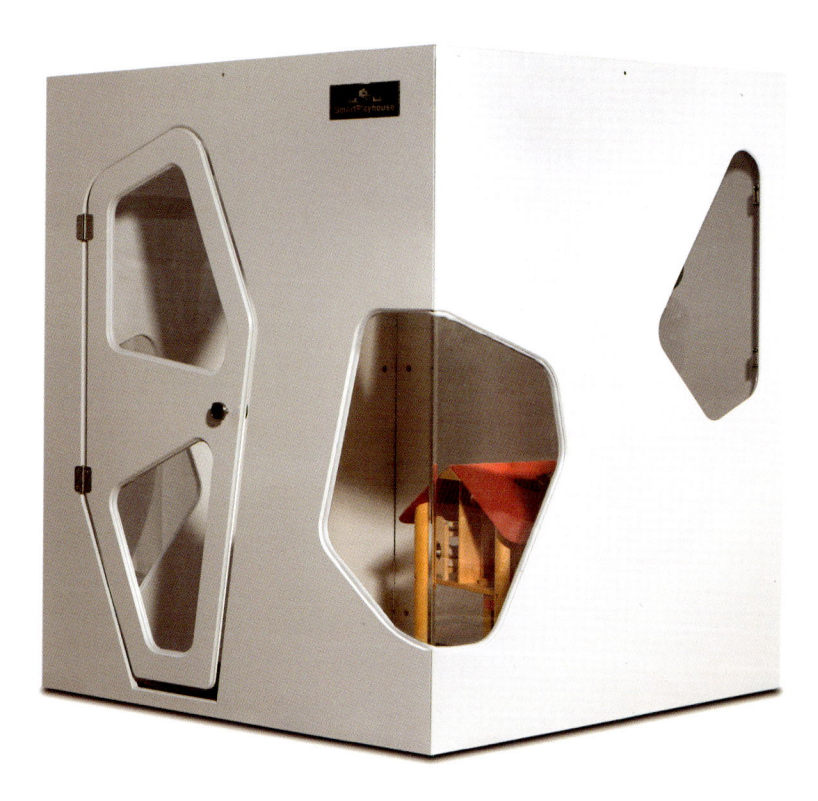

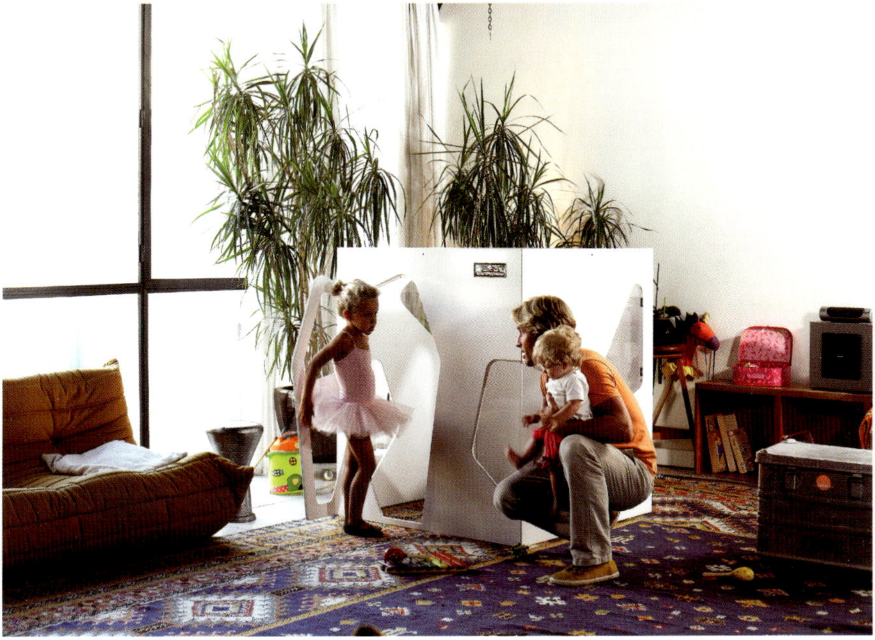

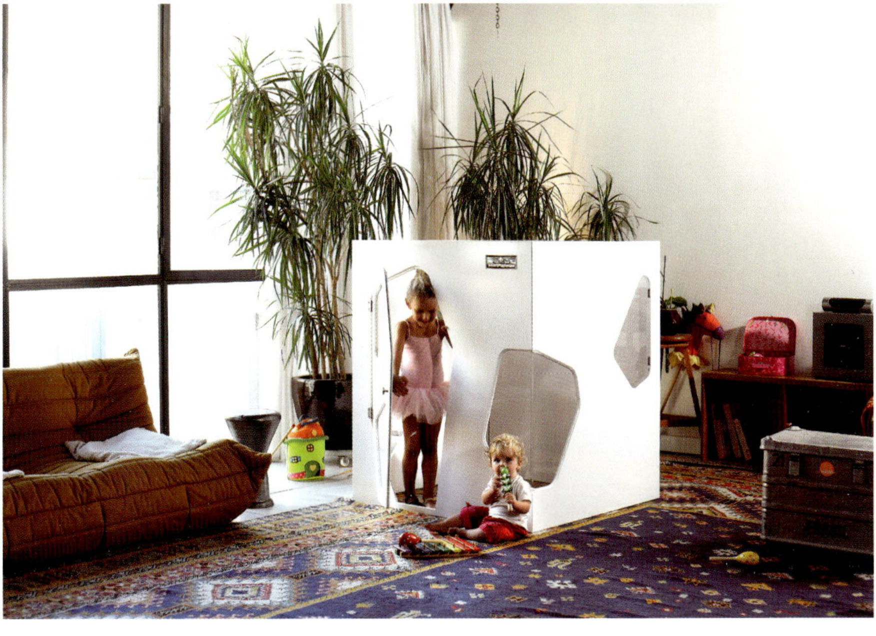

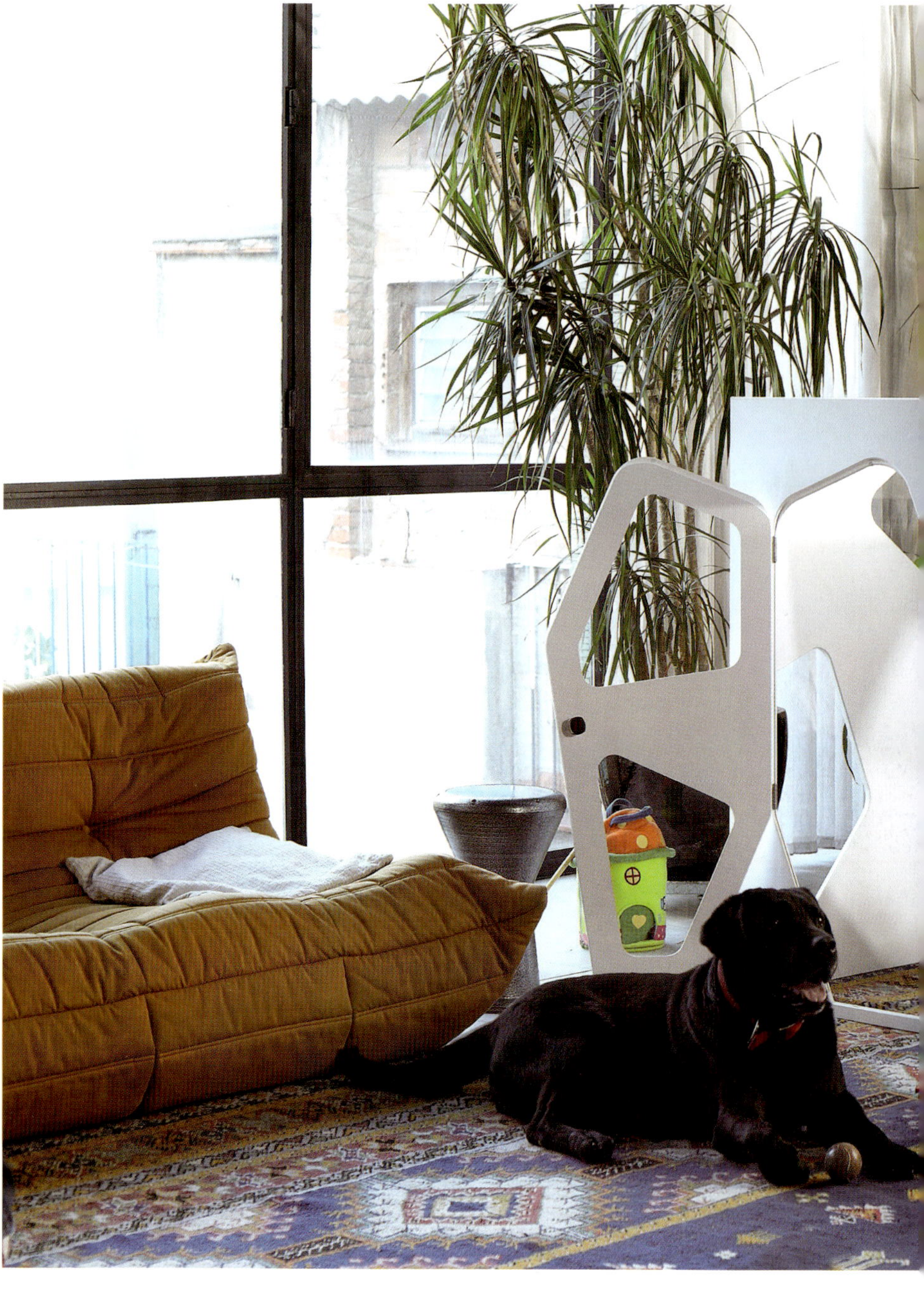

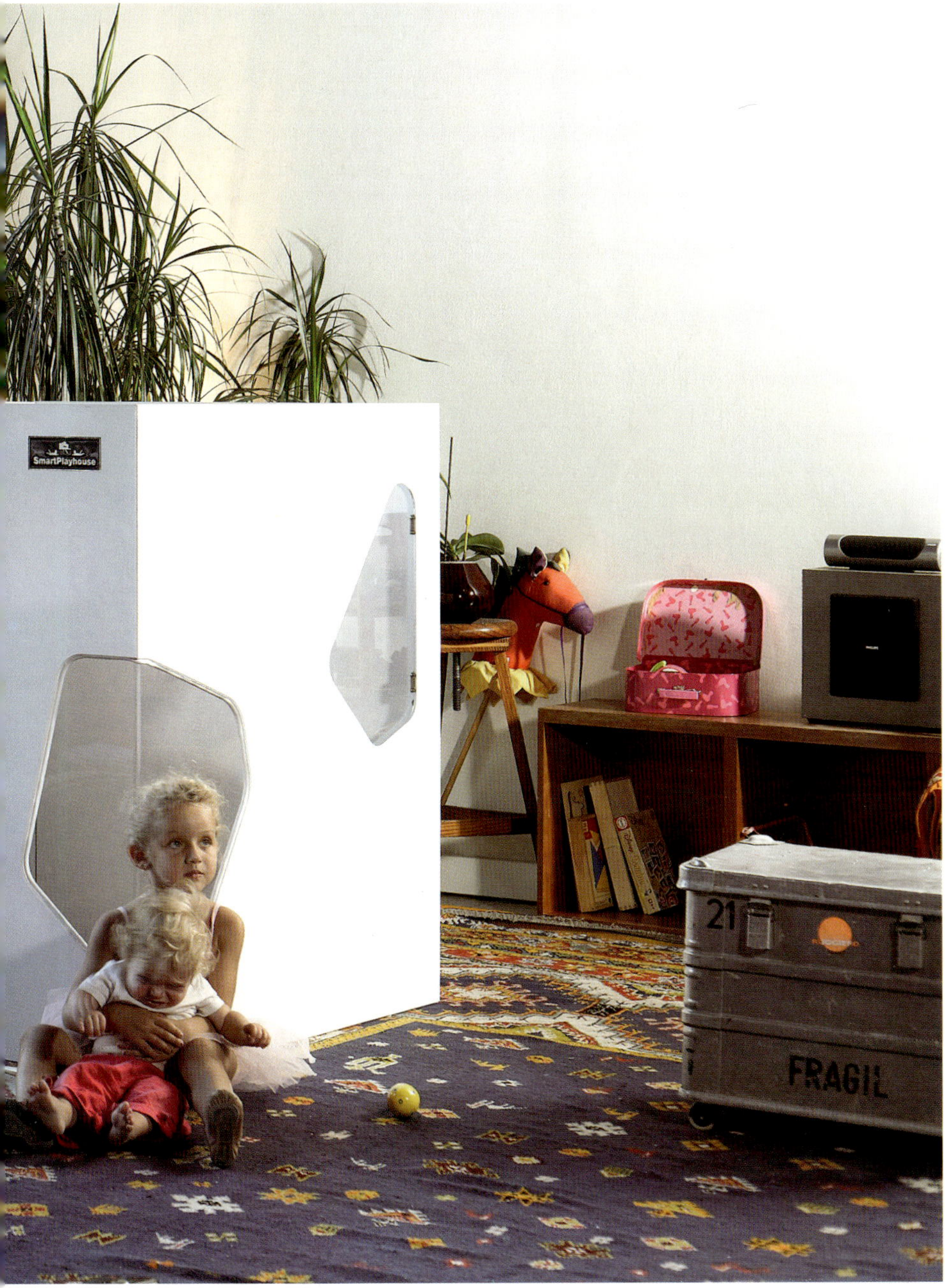
SmartPlayhouse
21
FRAGIL

Owen & Joe

Designer: Rachel & Benoit Convers
www.ibride.fr

Creations inspired by nature, which provide a sense of freedom. OWEN is the table that looks like a sheep, JOE is the polar bear, bionic furniture that is environmentally friendly and contributes to the creativity of children.

Creaciones inspiradas en la naturaleza, que aportan sensación de libertad. OWEN es la mesa oveja, JOE es el oso polar, mobiliario biónico, que respeta el medio ambiente y contribuye a la creatividad de los niños.

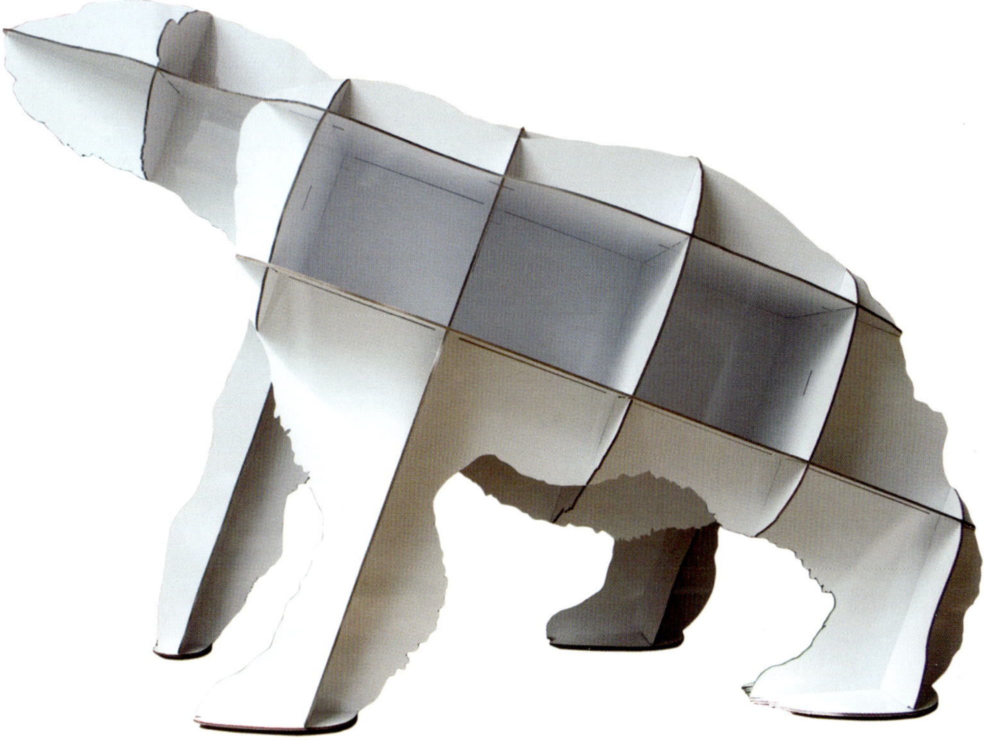

Blue Leaves SL

Designer: Antigone Pradelle
www.blueleaves.com

Contemporary objects, in slim elegant shapes, in different materials which appeal to the customer's imagination: A flower becomes a plate, a petal a spoon, a generous silhouette a fork...

Un objeto de diseño contemporáneo, de formas estilizadas, de diferentes materias que dejan seducir la imaginación del cliente: Una flor que se transforma en un plato, un pétalo en una cuchara, una línea generosa en un tenedor...

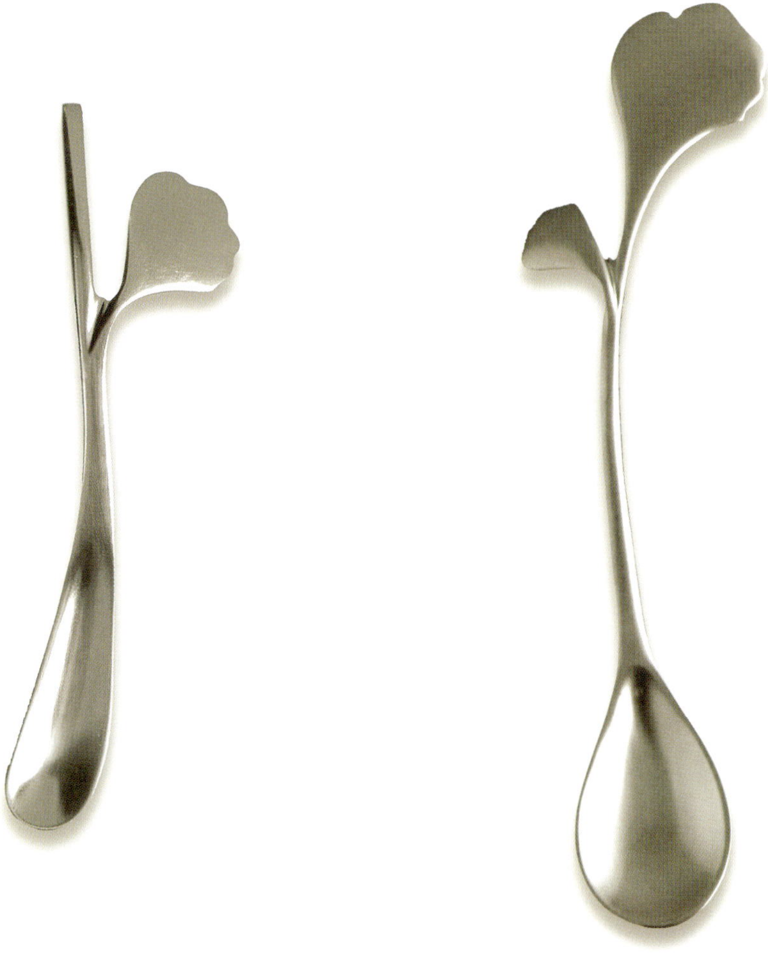

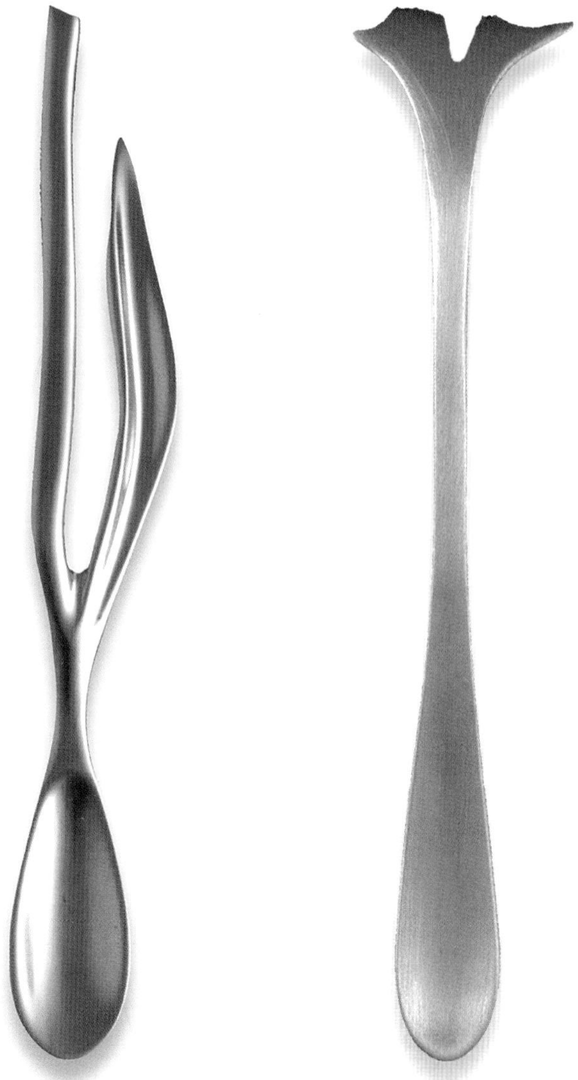